历史人文丛书 专题卷

成華客家

文化传承中的移民

朱玉霞 著

四川文艺出版社

图书在版编目（CIP）数据

成华客家 / 朱玉霞著. — 成都：四川文艺出版社, 2019.6
（2022.1重印）
（成都·成华历史人文丛书）
ISBN 978-7-5411-5414-0

Ⅰ.①成… Ⅱ.①朱… Ⅲ.①客家人—民族文化—成
都—通俗读物 Ⅳ.①K281.1-49

中国版本图书馆CIP数据核字（2019）第097522号

CHENG HUA KE JIA

成华客家

朱玉霞　著

责任编辑　　荆　菁
封面设计　　叶　茂
内文设计　　叶　茂
责任校对　　王　冉

出版发行　　四川文艺出版社（成都市槐树街2号）
网　　址　　www.scwys.com
电　　话　　028-86259287（发行部）　　028-86259303（编辑部）
传　　真　　028-86259306

邮购地址　　成都市槐树街2号四川文艺出版社邮购部　　610031
排　　版　　四川最近文化传播有限公司
印　　刷　　永清县晔盛亚胶印有限公司
成品尺寸　　157mm×235mm　　　　开　　本　16开
印　　张　　14.5　　　　　　　　　　字　　数　165千
版　　次　　2019年6月第一版　　　　印　　次　2022年1月第二次印刷
书　　号　　ISBN 978-7-5411-5414-0
定　　价　　42.00元

总序

　　成华区作为成都历史上独立的行政区划，是从 1990 年开始的，它是一个非常年轻的区。但是成华这块土地，作为古老成都的一个重要组成区域，则有着悠远的历史与深厚的文化根基。

　　"成华"区名，是成都县与华阳县两个历史地理概念的合称，而成都与华阳很早就出现在古代典籍中。《山海经·大荒北经》中曾有"大荒之中，有山名曰成都载天"的记载，有学者据此认为，成都可能是远古时候的一个国名，或者是古族名。华阳之名也一样悠久，《尚书·禹贡》云："华阳黑水惟梁州。"梁州是上古的九州之一，包括今天川渝及陕滇黔的个别地方，华阳即华山之阳，是指华山以南地方。东晋常璩所撰写的西南地方历史著作《华阳国志》便以地名为书名。或许正是因为这个缘故，地处"华山之阳"的成都平原上便有了华阳县，也从此形成了成都市区二县共拥一城的格局。唐人李吉甫在地理名著《元和郡县图志》一书中，对成都与华阳作了更进一步的记载："成都县，本南夷蜀侯之所理也，秦惠王遣张仪、司马错定蜀，因筑城而郡县之。""华阳县，本汉广都县地，贞观十七年分蜀县置。乾元元年为华阳县，华阳本蜀国之号，因以为名。"由此可见，成都与华阳历史之悠久，仅从行政区域角度看，成都从最初置县至今已有两千三百多年，而华阳从唐乾元元年（758）至今也有一千二百多年了。

　　不仅成华之名源远流长，具有丰富的人文内涵，成华这片土地更是积淀着厚重的历史与文化。可以说成华既是一部沉甸甸的史书，也是一首动人心魄的长诗。这里有纵贯全境且流淌着历史血液与透露着浓烈人文气息的沙河，有一万年前古人类使用过的石器，有堆积数千年文明的羊子山，有初建成都城挖土形成的北池，有浸透了汉赋韵律的驷马桥，有塞北雄浑的穹顶式和陵，有闻名宇内的川西第一禅林，有道家留下的浪漫神话传说，有移民创造的客家文化，还有难忘的当代工业文明记忆，还有世界的宠儿大熊猫……

成华有叙述不尽的历史故事。

成华有百看不厌的人文风景。

成华的历史是悠久的巴蜀历史的一部分；成华土地上生长的文明是灿烂的巴蜀文明的重要组成部分。

为了把这耀眼的历史文化集中而清晰地展现给人们，同时也为后世保留一笔珍贵的精神财富，中共成华区委和成华区人民政府立足全区资源禀赋和现实基础，将组织编写并出版"成都·成华历史人文丛书"纳入"文化品牌塑造"工程的重要内容之一。由成华区委宣传部、成华区文联、成华区文旅体局、成华区地志办等单位牵头策划，并组织一批学者、作家共同完成这套丛书，包括专题卷与街道卷两大部分，共计二十册。其中专题卷六册，街道卷十四册。专题卷从宏观的视野述说沙河的过往，清理历史的遗迹，讲述客家的故事，描写熊猫的经历，抒写诗文的成华，回眸东郊工业文明的辉煌成就。街道卷则更多从细微处入手，集中挖掘与整理蕴藏在社区、在民间的历史文化片断。

历史潮流滚滚前行。成华作为日益国际化的成都主城区之一，随着城市化进程的深入推进，对生活在成华本土的"原住民"和外来"移民"，更加渴望了解脚下这片土地，构建了积极的文化归宿。此次大规模地全面梳理、挖掘本土历史，并以人文地理散文的形式出版，在成华建区史上尚属首次。这既顺应了群众呼声、历史潮流，又充分展现了成华人的文化自觉和文化自信。

"成都·成华历史人文丛书"是成华人对成华悠久历史、深厚文化的一次深邃的打量，更是成华人献给自身脚下这片土地的一份深情与厚爱！

书籍记录岁月，照亮历史，传播文化。书籍是人类精神文明的载体，中华数千年的历史文化传承，书籍功莫大焉。如今，中国人民正在追求民族复兴的伟大梦想，通过书籍去回顾历史、展望未来，乃是实现这一复兴之梦的重要路径。

身在"华阳国"中的成华人，也有自己的梦。传承悠久的巴蜀文明，弘扬优秀的天府文化，正是我们的圆梦方式之一。

这便是出版"成都·成华历史人文丛书"的宗旨和意义之所在。

张义奇　蒋松谷

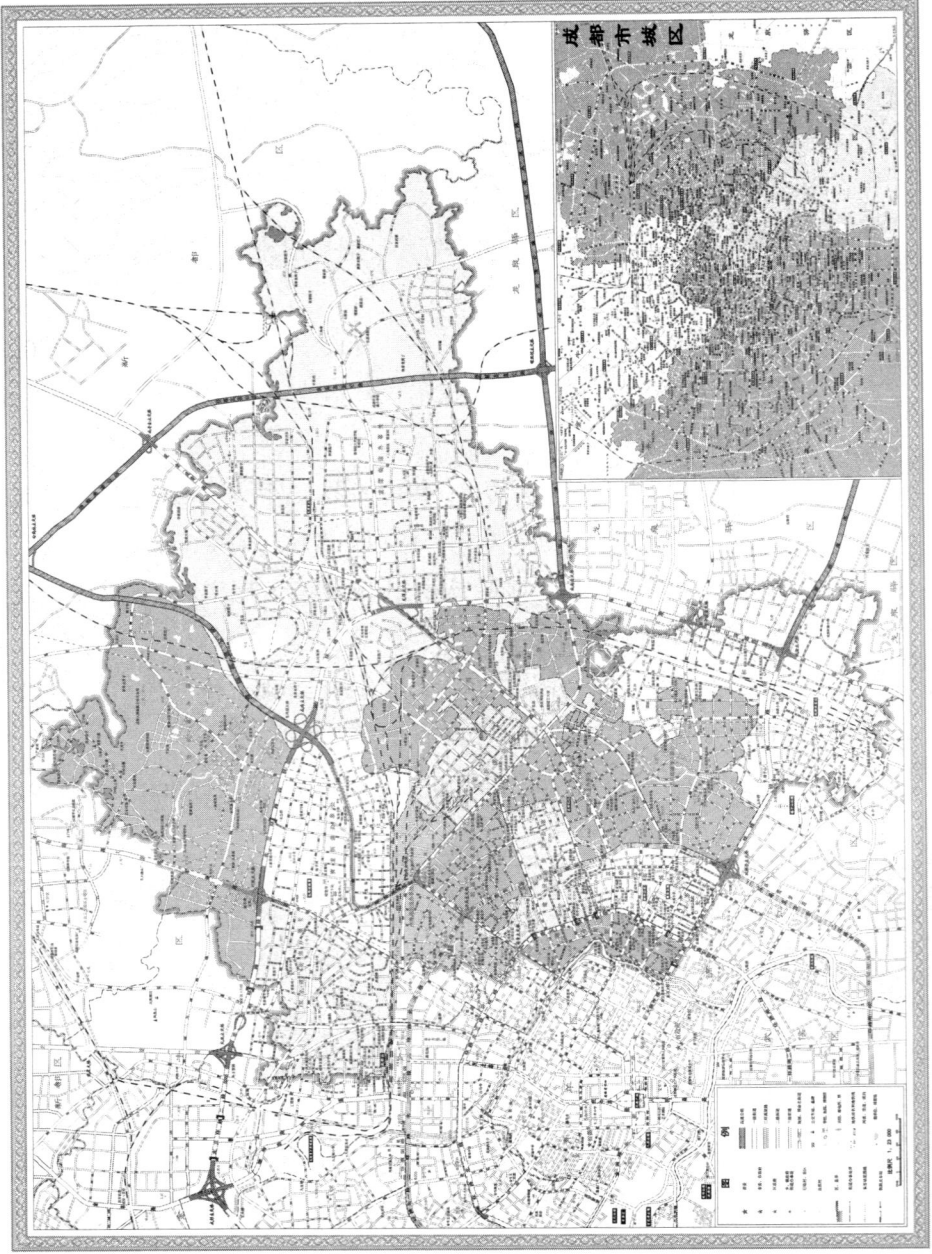

成都市成华区街道示意图

成都市城区

图例

序：成华客家的历史文化溯源

谢桃坊

  成都市成华区辖区境内的原圣灯、青龙、保和、龙潭四乡位于成都市区的东北郊，其中的圣灯、青龙与保和三乡的大部分土地为古成都附郭沙河的平坝，它的一部分与龙潭则属于成都东山的浅丘陵区。这个地域里沙河一带的居民为湖广人与客家人杂居处，东山一带的居民则绝大多数是客家人，这里是客家文化较为典型的区域。自宋代以来，成都府属下分置成都县和华阳县，华阳县所辖之成都东北郊的东山区比现在的成华区的范围要大得多。原成华区之四乡即原属华阳东山区。此地的客家方言及客家文化引起了学者的关注。

  客家学者钟禄元是成华区圣灯乡的客家人，他于 1943 年在《风土什志》创刊号发表了《东山客族风俗一瞥》，继而台湾中央研究院历史语言研究所的语言学家董同龢于 1947 年完成了《华阳凉水井客家话记音》，乃是方言学的经典著作。华阳凉水井即属保和乡，是为典型的客家方言区。由于此著的影响，方言学家黄雪贞考察龙潭寺的客家方言，所作的《成都市郊龙潭寺的客家话》发表于《方言》杂志 1986 年第二期。1999 年四川省客家研究中心成立，推动了四川客家文化的研究，曾以成都东山客家和沙河客家作为重点的考察与研究对象，连续出版了多种著述，取得了重大成就，并在客家学界产生了广泛的影响。笔者参加了客家研究中心对东山和沙河客家的田野考察工作。成都近郊的客家因其连接大都市而甚为奇特，因其为移民文化并保存有丰富的客家文化而甚为典型，所以四川客家文化研究中心虽然进行了大量的工作，仍然有必要继续考察、研究，以使此种文化得以保存。

朱玉霞女士新著《成华客家》应是笔者近年所见的四川客家文化著述中较好的一部通俗的并具有一定学术价值的著述。著者并非客家人，但曾经感受过客家文化，并对它产生了浓厚的兴趣。她从异文化的视角颇为敏感地发现客家文化最为独特之处，其关注点与一般学者和客家学者是有所不同的。此著的可贵之处是著者从事了大量的田野考察工作，为四川客家研究提供了不少新的资料。它虽然仅是对成华区客家文化的论述，但可补关于成都东山与沙河客家研究的某些缺失。此著以田野考察资料为基础，甚有系统，突出个案，对所涉及的相关文化问题均做了历史的文化溯源，而且文笔流畅，可读性较强。笔者作为客家学者，应该感谢她对客家文化的关注和辛勤的努力。

关于此著中涉及的较有争议的学术问题，即客家的形成和成都客家话的方言性质，笔者谨于此简略地表达自己的意见。近世学术界在探讨客家的历史渊源时，有认为源于东晋灭亡后的中原衣冠士族的南渡，亦有认为源于唐末中原士族的南迁。这两种情况实与客家的形成无关。客家的历史是不会很久远的。我们现在所谓的客家是指操客家方言的人，它为汉民族的一支民系，保存了汉民族较古的语言和文化，因而又异于一般的汉民族。从其保存很好的语音特点来看，它平声分阴阳，而又存在入声，因而是属于从中古音到近代音转变的过渡形态，这只能发生在南宋后期。南宋灭亡后，部分汉族人避难于粤东北山区，耕读传家。这少数汉族人处于封闭状况历经大约四百年之后，在清代渐渐发展起来而向西南部扩张，并因争取自然资源而与本地居民械斗。西方传教士在广东传教时发现了与操粤语相异的客家人。

笔者今年在读容闳（1828—1912）于 1909 年在美国完成的《西学东渐记》，其中记述了 1860 年他在太平军中的经历。他说："洪秀全为耶稣教徒时，尚醉心科举之虚荣，曾应小试，不幸铩羽。乃专心传道，往来两粤，宣传福音于客家族中，所谓'客家'者，两广间一种客民，迁徙无常，故俗称为客家云。"四川的客家人主要是从粤东北迁徙来的。成都沙河及东山龙潭寺一带客家人大都是从粤东北的五华、兴宁、河源以及惠州、连平于清初移民时入川的。他们的语言与梅县略异，亦与东山的西河、洛带、石板滩略异，其入声与卷舌音俱保存得很好。笔者在东山及沙河考察时，若采访客家老人，特别是不会说四川话的"死广东"，他们方言的语音古词汇同粤东北的五华、河源、兴宁及惠州、连平是完全相同的。西南交通大学的方言学专家宋明丽教授曾致力于凉水井一带的客家话考察，其学子是赣州客家人，曾发现赣州存在一种古老的客家语言，它颇异于梅县客家话，却与五华系的凉水井一带的客家话相似。因此沙河、凉水井及龙潭的客家话应属五华系的正宗。1949 年以后，特别是新时期以来农村逐渐向城市化发展的过程中，年轻一代的客家人受到四川话和普通话的影响，他们的语音与词汇略有微小变化，这是必然的。然而却不能得出成都东山及沙河的客家是受四川话或两广客家语的影响而形成的一种成都的客家话的传论。

成华地区的客家话应该是典型的，也是标准的，所以引起不少方言学家的关注和学术兴趣。此地区原有的客家文化极为丰富，然而笔者在考察沙河与东山的客家文化的过程中，见到它正在急速消失。笔者曾经与成华区文化局的同志一道努力，希望龙潭、青龙、保和的古场镇得以保存，然而势不可能，为此留下深深的遗憾。客家文化是中华优秀传统文化之一，客家方言为中国八大方言之一，均为国家保护的对象。成华区的客家文化应该获得保存与开发，这应是一个重大的文化建设课题。

笔者的故家在成华区圣灯乡八里村，此地原名鲜家坝，民国时期属华阳县保和乡七保，中华人民共和国成立初期为华阳县保和乡农协会七分会，1951年为成都市保和乡农协会七分会，后又为成都市龙潭区东城乡七分会，续又改为成都市金牛区圣灯乡踏水大队八小队，以后又改为圣灯乡八里八队。我的祖父和父辈出生在此地的谢氏璜公祠，我于1950年随全家迁回务农。从1950年至1987年，其间有四年在重庆读书，有两年在广汉中学，其余的三十二年均在故家——谢家祠度过。我离开故家又是三十二年了，然而经常在梦中寻找回家的路，却每次均迷茫难寻。谢家祠原是古朴典雅的四合院，于1998年城市化时拆除，现在遗址难寻，它永远存留于我的记忆中。

当我读到《成华客家》时，又似回到梦中的故家了。

（作者系著名客家文化学者，四川省社会科学院研究员）

2018年12月10日于爽斋

目录

结语

后记

迁徙之路

　　明末清初，随着张献忠大势已去，四川逐渐平定下来，整个战乱给四川带来的人口灭减已经无法自行恢复。因此，清政府给出了许多优惠诱人的移民政策。在"湖广填四川"的移民浪潮中，除早期的湖广人因政策因素被迫移民外，从闽粤赣地区接踵而来的客家人，在后来的四川人口数量中占据第二，为整个四川人口的增加及经济恢复做出了巨大贡献，这一贡献，在成都平原向龙泉山脉过渡的浅丘地带体现得最为集中。

战火之悲："八大王"张献忠

　　自古以来，成都平原就是一块众人皆知的膏腴之地：肥沃的土地，便利的灌溉，丰厚的粮食……被天下人誉为"粮仓"；茶马古道、丝绸之路经由此地，受各界商人义士之青睐。独特的盆地地质构造，使其成为封建社会各个王朝政权争夺的一个重大战略区域，战国以前就已成为兵家必争之地，直到明末清初，亦是如此。或许世人都曾以为，再大的风波无非就是改朝换代，可他们永远都不曾想到，明末清初的这里，会经历一场因改朝换代而起的滔天浩劫……

　　清乾隆年间，客家人卢氏粤十二世祖——仁彦公在自家田地里干活时，看上去总有些心事，一些乡里邻人陆续迁往西蜀地区，而见祖先遗留下来的田业已经略显微薄，再看看自家的四个孩子，实在不是长久之计。这些天里，迁徙的念头一直在他心里打转，可四川毕竟遥隔千里，只是道听途说，未有亲眼见识。在经过无数深夜的辗转反侧之后，他决定派自己的大儿子——愧前往四川打探实情。此时的愧，已经到了可以自力更生的年龄，他听从父亲安排，特意辞掉了为别人佣田的事情。

　　三年之后，愧带着令人振奋的消息归来，告诉仁彦公说西蜀"田肥美，地宽平，禾麻黍麦种无不宜，真沃壤也"。仁彦公听后，心里那块不安的大石头终于落了下来，经过一番深思熟虑，并与家人商量许久后，决定进行迁徙。

　　迁徙之前，仁彦公变卖家里的田园及房产，筹措盘缠。待一切行李准备就绪，择选吉日，于乾隆二十三年（1758）正月携二、三、四子往西蜀出发，寻找那片梦寐以求的土地。经过三个多月的跋山涉水、翻山越岭，仁彦公和他的三个儿子终于到达成都平原周边的隆兴场（今成华区龙潭寺一带），依着族人卢朝华定居下来。乾隆四十九年（1784），其一族创业于凉水井；嘉庆三年（1798），又拓业于华阳崔家店和莲花堰。

　　乾隆时期的隆兴场，已经在移民的过程中形成了集市，居住的人群基本为闽粤赣一带移民而来的客家人群，卢氏为其中的一小分子，在整个"湖广填四川"中，则是更小的一分子。成千上万如卢氏一般的客家移民从闽粤赣地区接踵而至，这场移民，不同于以往任何一场因战火兵戈而来的逃灾移民，而是战火结束以后为填补人口极度灭减的政策性移民行为。大量涌来的移民改变着四川地区的人口与经济结构，其迁徙的规模，在中国移民史上绝无仅有。

　　在这场移民之前，四川究竟发生了什么样的事情，以至于能够吸引如此规模的客家人前来开垦呢？

　　明末清初，西蜀平原充满着一种诡异恐惧的气氛，四处凋敝不堪，荒草丛林，虎兽肆意，夜幕降临后根本无人敢在户外行走，就连白天，人们也会提心吊胆着是否会被野兽袭击。这一景象的出现，与历史上张献忠的农民起义关系密切。自张献忠在成都建立大西政权以来，原本就因战火而民不聊生的四川，更是雪上加霜。最让人痛心疾首的是，四川战场的逐渐失利，让其丧心病狂，他病态地将所有得失迁怒于蜀人，从而造成了四川人口锐减，以至于到了无法自行恢复的地步。

"川人尚未尽耶！自我得之，自我灭之，不留毫末贻他人也。"在征战过程遭受重大挫折后，张献忠感觉在四川的大势已去，就派出四路大军，沿东南西北四个方向逢人便杀，就连对深山峡谷中人也是赶尽杀绝，搜罗个底朝天。凡得男子手足两百双，女子手足四百双，即授以官职，有个小卒日杀数百人，几天后即擢升为都督，此次屠蜀之后，军营中竟多出了不少官员。

在大西政权的皇宫中，张献忠也是每天以杀人为乐。一天深夜，他突然想起今日还未杀人，但身边一时又找不到可杀之人，便将熟睡中的妻妾等数十人拖出去斩了。第二天清晨，张献忠寻不着妻妾，便向侍从询问她们的去向，这才想起她们已在昨晚被杀，一怒之下又杀了几百个侍从泄愤。对待至亲之人尚且如此，成都百姓的命运也就可想而知了。

正是这场毫无理智的屠杀，给四川的人口形势带来了空前绝后的灾难。

据传，清顺治四年（1647），清将率兵追击张献忠，到达四川西充的凤凰山时，正值大雾，于是潜入凤凰山中，直逼张献忠军营。潜伏在清军中的谍者为张献忠通风报信，告诉其有敌兵埋伏，但自傲的他并未重视，且一怒之下将谍者斩杀。军中二报、三报者，都被斩杀。待张献忠饭点吃饭时，清军已经攻打入营，张献忠仓皇地跑出去查看，结果被诛。其四养子兵溃东走，历时三年的大西政权灭亡。

这场战乱逐渐平息，土著纷争、清军攻打明军等战争也陆续结束，可纵眼望向西蜀平原，曾经繁华的成都已经残垣断壁，几乎杳无人烟。据史料记载，战乱的成都有十三年均属空城，以至于老虎出没，尤其是在黑夜，根本无人敢于在夜间行走。再翻阅明末清初的四川史料，一组组数据触目惊心。清顺治年间，成都有百姓千家，到了康熙三年（1664），整个成都城仅有寥寥数百户，有时走遍几条街道，也难找到一户人家；与华阳县交接的双流也"人民存者十之一"，其状之惨烈，可谓空前绝后。而今的成华地区，即为当时成都县与华阳县的相交处，原本就属人口稀少的郊区之地，更是十里八外找不到人影。据《清朝文献通考》卷十九《户口》记载：康熙二十四年（1685）全川人丁总数额只有18509。虽然该数字没有记载确切的单位，但单从数据来看，四川人口已经缩减到有史以来的最低纪录。

战火之悲，悲极的不仅仅是因战乱而失去的平民百姓，还对整个四川经济、文化、人口等方面造成重创。在此之前，纵使四川在宋末元初、元末明初等朝代替换中，皆因战乱等原因导致过人口锐减的情况，但都远远不及明末清初时严重，这样的情形，在四川的历史上前所未有。

迁徙之因："湖广填四川"与四川重建

战争，仿佛是重建的一个开始。

清政府平定四川后，开始派遣官员前来管理。一名叫张德地的官员被派遣到四川做巡抚，可他在接到这一任务时，心情是极为沉重的，因为早已听说过许多关于四川的不堪状况，深知任重而道远。可真正巡视各地后，他才知道四川真实的情况甚至远远超出其最早的预想。他在给朝廷的奏折中写道：

> 臣初至保宁，见民人凋耗，城郭倾颓，早不胜鳏鳏忧悸。迨泛舟遍历，日歉一日。惟重属为督臣驻节之地，哀鸿稍集，然不过数百家。此外州县，非数十家或十数家，更有止一二家者。寥寥孑遗，俨同空谷。而乡镇市集，昔之棋布星罗者，今为鹿豕之场……经过圮城败堞，咸封茂草，一二残黎，疡衣百节。……诚有川之名，无川之实。[①]

而在成都府，真实情况比保宁府更为糟糕。康熙年间《四川成都府志》曾描述说：

---

① （民国）中央研究院历史语言研究所编：《明清史料·丙编》，北京图书馆出版社，2008年。

　　所称沃野，已半没于荒烟茂草之中……城郭鞠为荒莽，庐舍
荡若丘墟；百里断炊烟，第闻青磷叫月；四邻枯木茂草，唯看白
骨崇山。①

　　萧条败落的四川，无一处幸免。所以，当张德地到四川上任以
后，就紧急呼吁、召集流离在外的四川人回乡，并鼓励移民入川，只
有这样，才能使遭受重创的四川渐渐得以恢复。

　　而在此时，忧心忡忡的不止张德地一位，远在千里之外的湖广总
督蔡毓荣也提议说，四川有很多可以耕种的田地，但是已经没有可以
耕地的人民，所以招民到四川开垦，实属当务之急。可见，当时四川
的整个经济已经处于崩溃状态，移民进入四川，有助于将四川的社会
秩序重新建立起来。

　　为了能够更好地治理和恢复社会经济秩序，清初的四川也因为
地广人稀而裁并掉一些州县，成都平原尤为明显。据《四川通志》
记载，成都府在清康熙初年，共有四个县被裁并，其中双流县于康
熙元年（1662）并入新津，彭县于康熙七年（1668）并入新繁，华阳
县于康熙九年（1670）并入成都县，这些被并的县，直到雍正五年
（1727）后才得以陆续复置。并县这一举措，虽然能够暂时缓解四川
当时的状况，但始终解决不了最核心的问题——如何增加人口，这是
重建四川的基本要素。

　　康熙六年（1667），湖广道御史萧震向清政府请求以驻兵开垦荒

---

①　《四川成都府志》卷三十五。

地，说四川地多人少，可以实行屯田制度，士兵驻扎在哪个郡，就耕种哪个郡的土地，县如此，乡亦如此，这样可以增加开垦土地的面积与进度。同时，清政府还发出官方邀请，大力招抚战争期间流离在外的四川人民。这两项举措，足以证明当时各个部门对四川的关心以及做出的最大努力。

也就在此时，四川巡抚张德地和湖广总督蔡毓荣向清政府提出以劝垦作为考核标准，鼓励各省的官员招民入川进行垦荒。这一奏请得到皇帝的批准，并很快在四川各地宣传推广，搞得家喻户晓，众人皆知。

而应和这一事件最为积极的，则要数湖广人和闽粤赣三省交界地区的客家人。湖广，早在元末明初时，就曾有过"洪武大移民"垦荒历史，明末清初的这次移民，除清政府政策性的要求促使他们被迫移民外，距离和经验也成为他们的优势。而远在闽粤赣三省交界地区的客家人，也因为其他种种因素开始蠢蠢欲动。

闽粤赣交界地区，位于中国东南部的丘陵山区地带，这一带山岭众多，土地贫瘠，耕地较少，农作物产量较低。土地较为肥沃的区域，大多被当地土著人占用。南宋时期，从北方迁徙过来的移民，大都在土地贫瘠的山区开垦。刚开始时，因客家人的勤劳与持之以恒，丘陵地区的荒地逐渐被开垦出来，但随着人口不断增加，这片区域原本就山多土少、土多田少，粮食产量较低，综合原因导致闽粤赣三省交界地区成为清朝缺粮最严重的地方。

清初，广东客家地区所产谷物很少，大部分粮食需从粤西购进，即便是丰收之年，都只能满足半年的食用。足见当时这一地区已经处于严重缺粮的地步。而福建地区的客家人也面临着同样的问题，食用的粮食大多需要从台湾或者广东进行购买。每到粮食购买季节，粮市都热闹非凡，舟船络绎不绝。江西某些地方因地处闽粤赣三省交界处，也成为福建地区客家人的米粮供应区。粮食的缺少、耕地的不足，是导致客家人迁徙的重要原因之一。

明末清初，闽粤沿海地区政策性的迁海、禁海行为，也成为客家人最终迁徙四川的一大原因。在清朝两广总督马尔泰的《敬陈粤民入川缘由》中曾经描述道：

> 广东惠嘉二府一州所属龙川、和平、揭阳、大埔、长乐、兴宁等县，依山滨海，地少民稠……其地所产不足以敷民食，想来出外营生，仍渡台开垦，则入川佣耕……而渡台又经禁止，一时无业贫民谋生之计，止有入川一路。盖以川省地方有余，易资播种。

清政府为对郑成功的抗清据点实行经济封锁，切断郑氏集团与内地人民的联系，对沿海地区实行迁海、禁海政策，要求民众往内地迁徙。强制迁徙的手段极为残忍，要求当地民众拖家带口、放火烧房往内地迁徙，如十日之内不迁走，官兵就进行剿荡。这一举措进一步加重了客家人的哀怨，使民不聊生。而靠海的居民，则被禁止下海，导致社会动乱不堪，严重扰乱当地人民的居住与社会稳定。原本当地人是可以渡台开垦的，但在政策上又被禁止，周边地区找不到政策合适的地方可以开垦，地广肥沃的四川，就成为绝大多数人的迁徙首选。

此时的闽粤赣三地，其实也并非都是山多地贫的地区，其中也有很多没有开垦的闲置土地。由于两地政策没有像云贵川的土地政策那样优厚，相比之下，人们更愿意迁往更遥远的四川进行开垦、定居。

早期入川的人民，政府给予的鼓励政策十分有利，完全可以实现"插土为业"①。在成都平原新繁县，各省移民从到来之日起，只要田业没有主人，都可以自主占地垦荒，有些人以一个家族为村，有些家族占地多者可以达到上千亩。而为了保证移民所开垦的土地不受到他人的侵犯，清朝政府还颁发特例：凡是插上了标志的，都是开垦者的家业，后面来的人不可以争论或者抢占。如此自由地开垦土地，并归属于开垦者的政策，在很大程度上满足了移民对土地的强烈需求。据《华阳县志》记载：

> 惟力是视，俱伐树白之以为界，强有力者得地数十丈不止。先施棚帐于髑髅瓦砾间，然后因树为柱，诛茅覆之，远近趋利者日辐辏。然故民则千百中不能一二也……

在某些荒山地区，人们用手指指到的地方，都可以自己进行种植。这些被移民们所开垦的土地，不管是插占还是插业，清政府除了鼓励外，官府也会进行报备，让移民领取"印券"等凭证。为鼓励移民对土地进行开垦，官府只对他们的土地进行登记，而不对他们开垦

---

① 《清圣祖实录》卷二十四；刘正刚：《闽粤赣客家人在四川》，广西教育出版社，1997年。

土地的份额进行过多干涉。《云阳涂氏族谱》中就曾经描绘道：

> 占垦者至，则各就所欲地，结其草之口，广袤一周为此疆彼界之划。占已，牒于官。官不问其地方数十里、百里，署券而已。后至者就前者贸焉，官则视值多寡以为差，就其契税之。

哪怕是后来移民到四川的人，从先开垦土地者的手中购买土地，其价格也十分便宜。《清圣祖实录》中曾记载：一亩田地，价值不过数钱；或者银子一两，就可以买十亩地；有的用一只鸡和一匹布，也可以换到数十亩田；有些田开垦之后没有人种，则可以赠送给后来的移民。可见当时四川土地的供过于求，这也反映出清政府为恢复四川经济与秩序所做出的努力。

为鼓励更多移民入川，四川官员在经济上为困难的移民"措处盘费"，接待各省移民，为移民入川提供了很大方便。清政府为巩固移民决心，在核查本地无主人耕种的荒地后，各个州、县官给移民以印信执照进行开垦，并给予永久性的使用政策。入川人民也准许入籍四川，统一实行保甲制度，使他们享受和履行与土著居民同等的权利和义务。

在赋税上，四川因为情况特殊，清政府也做出了相应的规定，开垦出来的土地五年起科，起科的田地亩数由百姓自由报粮，这样一来，移民们就更是不亦乐乎了。而迁徙而来的穷人，清政府则给予提供牛种、口粮等经济上的帮助，就算是在垦荒接近尾声的情况下，四川依然在采取这种措施，不断吸引大批外省移民入川。很多移民以很便宜的价格或者较少的努力，就能得到一块肥沃广袤的土地，再加上清政府的各种鼓励政策，这样现状的诱惑，足以让四川与闽粤赣地区如正负两极的磁场，相互牵扯与吸引，最终促成"湖广填四川"这一规模极大的移民浪潮。

而闽粤赣地区客家人这种跨省的长途迁徙，从秦"征岭南融百越"时期到明末清初的大移民，历经几千年后，构成了他们不畏艰难、善于迁徙的骨性。这次迁徙，无论是为生计，还是为牟利，都体现出了客家人持续追寻美好、安定生活的愿景与付出的努力。

摊开现今成华区的地图，龙潭、保和、青龙、圣灯等街道，均属于客家人聚居的地方。明末清初时，这些地方在客家人的勤劳开垦下，从破败的荒山野岭逐渐变为良田万顷，至今已有三百多年历史。当年他们上川始祖的迁徙之路，也大多被写进各姓氏的族谱，在历史的长河中，默默讲述着这段"湖广填四川"的移民故事。

上川之路：涉水跋山五千里

2018年3月21日，这日刚好春分，龙潭寺桂林社区热闹非凡。客家人钟洪强正忙着用记号笔在提前印制好的手提袋上写名字，他说今日春分，是客家开始祭祖的日子，大家第一次过鸟米粿（即艾蒿馍馍或粿）节，情绪高涨。等节目仪式结束，就将今日集体制作的艾蒿馍馍发给每户人家。

如今，钟氏家族在龙潭寺有好几个分支。其十七世祖琼玉公作为入川始祖，于康熙末年（约康熙四十二年，即1703年）由广东长乐（今五华县）铁路坝李大塘入蜀，在金堂县（今青白江区祥福镇东方村）立业，后其子孙分布在龙潭寺及周边地区。十八世祖兴公作为入川二世祖，共生五子，分别居于金堂县、青白江、简阳、龙泉、龙潭寺等地。这些故事都在其家谱上有所记载。

钟数湘在家里排行老大，今年已经七十多岁，说起自家的迁徙故事，总觉有些惊心动魄。当年隆兴场（今龙潭寺一带）的袍哥讲求"仁"字，整个场镇的治安还算安稳，深受各界人士捧场，百姓在此安居乐业，共享太平。而东山地区东北部的龙王庙一带，却是土匪纵横，鸡犬不宁。白天，棒老二们在茶铺子里面装好人坤大爷，晚上就出来当土匪，绑票抢"肥猪"。那时候这支钟氏家族在龙王庙还算有点家业，可不知为何就得罪了当地土匪，收到小道消息说要被绑票，于是管事之人就赶紧安排人手疏通关系，连夜携家带口搬迁到了隆兴

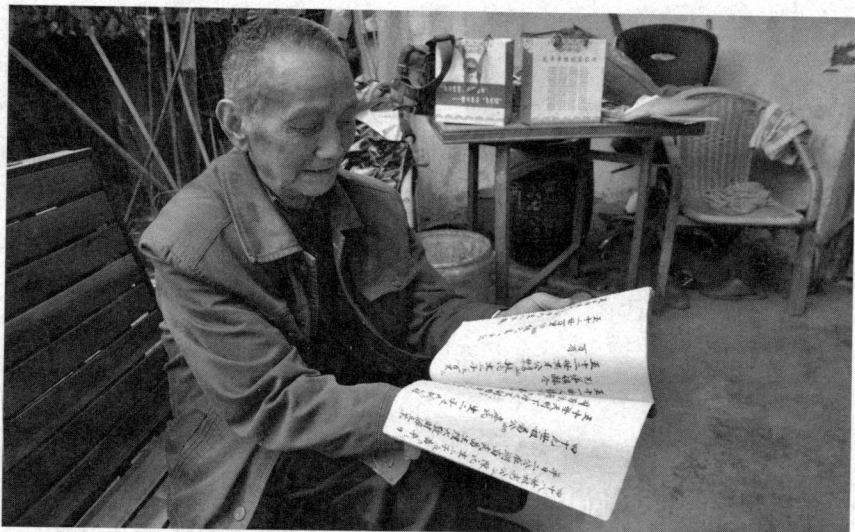

▲ 客家人钟数湘拿着族谱与客人分享上川始祖的迁徙故事　朱玉霞摄

▼ 钟氏族谱的手抄本（1988年版）　朱玉霞摄

场的桂林村。之后再次落户创业，一直生活至今。

　　据钟数湘回忆，在他小的时候，他的爷爷还曾告诉他，他们的上川始祖是走水路入川的，水路究竟如何艰险，其已忘记了具体描述。而上川时的具体线路，不只是钟氏一家没有明确的文字记载，很多姓氏的家谱里都无记录。后来，一些氏族从四川回原籍寻亲，在朝祖单上记载有费用开支、沿途地点等，才让后人对迁徙之路有了一些具体概念。

　　2017年底，我在青龙场、龙潭寺一带走访，问起当地客家人祖先的入川路线时，他们说先辈没有给他们讲述过，族谱中也未曾留下任何有关入川路线的记载。而在《曾氏族谱》中，则记载了一条他们的上川始祖由广东起步的上川之路，其中行程5300里，沿途经过29个中转站。根据清朝的行政区划，这条路线可分为广东、福建、江西段，湖广段，川东段，迁徙之路漫长艰难，至少要花费四个月至半年，甚至更久。客家人的上川之路已难复原，但我们不妨从这条路线入手去追寻他们的辛酸足迹，因为这不仅是曾氏家族的迁徙之路，也是千万成华客家人的上川之路。

　　综观"湖广填四川"中整个客家人的迁徙路程，从交通方式上划分，大约可分为水路与陆路两种。而上川之路方向众多，也有诸多路线，移民从不同省份进入四川，每一个移民走过的道路，都是一条上川之路。数百年前，阡陌纵横的上川之路，汇成了汹涌的移民浪潮，从此角度而言，上川之路或许是无法统计的，只要能到四川，便能称为上川之路。不过，同一省份的移民入川，通常会有一条被大多数人认同的路，比如江西人入川，往往由江西入湖南沅陵，溯西水河而上，到达川东的酉阳、秀山、黔江、彭水；贵州人则大多由著名的立龙场、陆广、水西、奢香、金鸡、阁雅、归化、威清、谷里九驿沿线官道走进四川；湖广人则途经歧亭、阳逻、黄陂、云梦、应城、钟祥、荆门、当阳、宜昌后，辗转入川。

早在唐代，李白就曾写过"蜀道难，难于上青天"，蜀中的崇山峻岭、险滩急流、蛇行鸟道，不知曾令多少人望而生畏。然而，这一切皆挡不住明末清初移民入川的脚步，他们将自己的迁徙之路称为"上川之路"。四川位于长江上游，一个"上"字，用极富节奏感的表达方式将目标描述得一清二楚。上川之路有若干方向：陕西人、甘肃人、山东人、河南人自北向南进入四川；湖北人、湖南人、江西人、广东人、福建人、江苏、浙江人自东向西入蜀；云南人、广西人、贵州人则由南而北入川。其中，闽粤赣一带的客家人是入川的生力军，其距蜀有数千里之遥，客家人的"上川之路"，最漫长，最坎坷，也最艰难。

除去路途中的距离、环境等因素，当年的移民之举也并非人们想象当中的简单。虽说政府大势鼓励移民进入四川垦荒，可所走程序都很正规。这一移民举措并非完美，也给移民原籍地造成了一些混乱与困扰。

想到四川，不是说走就走的，须到官府领取"路票"。明朝法律规定："凡军民人等往来，但出百里即验文引，如无文引，必须擒拿送官。"[1]这里的"文引"，便是类似"路票"的身份凭证。到了清

---

① 万历朝重修本：《明会典》，中华书局，1989年。

朝，外省移民想要入川，须到官府请领"路票"，提供已入川亲戚的姓名、年龄、田产等信息，由四川官府核实后，当地官府才发给"路票"。一来一往，等到四川那边传回话来，移民早已望穿了秋水。清乾隆四十一年（1776），移民银宿山在当地官府申请路票，盼星星，盼月亮，三年之后，路票才发到手里。因此，为不误时辰，在四川无亲无故的移民往往不待到官府拿"路票"，就径自上路了。鉴于此，清朝一位官员在一份奏折中叹息道：申请路票者，不过"百之一二"而已。

清代广东出现了一些"包揽棍徒"，专以游说客家人入川为职业，凭着"如簧之舌"，鼓吹"川省易于度日，一去入籍，便可富饶"，有时为了捞取包银，甚至不惜散布蛊惑性信息，引诱煽动。"包揽棍徒"的职业游说以及其无孔不入的宣传，使得四川诱人的环境及政策因素传遍了每个角落。当地官府对这些"包揽棍徒"深恶痛绝，屡屡张贴文书，缉拿追捕，并向百姓解释：四川物价低廉，在于地广人稀，你们去了，物价自然上涨。可是，老百姓是不爱听这些大道理的，他们算的是另一本账：四川米价每石三钱，较之惠州（今广东惠州）的"三钱一斗"，差了百倍；较之长乐的每石八百余钱，差了将近三百倍。①"连年饥馑，谷价腾高，人人困苦，度活难周"，这种强烈的对比之下，还有哪个家族不想迁入四川呢？

清代的长乐县，是众多客家人迁徙的起点，其在嘉应州以西150里。嘉应州靠近江西赣州，移民本可直接取道江西，不过，历史上的嘉应州以北关隘林立，明末以来多为绑匪、强盗占据，移民为安全

---

① 刘正刚：《闽粤客家人在四川》，广西教育出版社，1997年。

计，不得不绕道至平远县，沿石窟溪北上，进入福建筠门岭。由平远县至福建筠门岭，沿途需经过一个叫火星岽的山岭才能进入江西。火星岽海拔近千米，属于武夷山脉，山势险峻，绵延百里，山中多奇禽猛兽，沿途连樵夫、猎人都很少遇到，移民登高涉险，一不小心即有性命之虞。

过了火星岽，便到了江西境内。在江西，移民要经过四个水站与三个陆站，水站为会昌县、赣州府、泰和县、吉安府，共计690里；陆站为分宜县、袁州府、萍乡县，里程大约510里。在会昌县码头，贡江之上停泊着众多客船，贡江发源于武夷山，沿途接纳了湘水、梅江，至赣州与章江汇合，是江西省第一大河，移民顺流而下，大约航行四天，便能到赣州码头，从赣州到吉安，沿途也是顺水行舟。在吉安，移民弃船登岸，穿过赣江支流卢水与袁水间的浅丘地带，步行180里即可到分宜。湘东与赣西之间，中间隔着幕阜山、连云山、九岭山、武功山、万洋山、诸广山等诸多山脉，海拔都在千米以上，连绵的高山令移民的迁徙变得倍加艰辛。

此时的移民不仅要跋山涉水，沿途还得应付官府的层层盘查。雍正十一年（1733），广东龙川县几十个客家人结伴赴川，沿途遭到官府阻挠，耽搁数日，迫于无奈，他们写了一份《赴川民人告帖》进行抗争："我等前去四川耕种纳粮，想成立家业，发迹兴旺……近来不知何故，官府要阻我等生路，不许前去……"做好了离家的打算，却因为官府阻挠难以成行，这样的苦楚，实在比路途的艰辛更令人苦闷。同样在雍正年间，长乐县有三百人结伙入川，官府也加以阻拦，这些人马上"啼哭叫号，并称皆有祖父兄弟在川，俱不可回"，不过，仍然有十一人被软硬兼施地劝回了长乐。

移民由武功山而下，由江西萍乡乘舟，经渌水，过醴陵，进入湘江。湘江是湖南第一大河，由南向北，汇入洞庭湖，洞庭湖纳九江之水，号称"九江"。移民在洞庭湖上，远远便能望见岳阳楼，北宋名臣范仲淹笔下"长烟一空，皓月千里，浮光跃金，静影沉璧"的胜景或许会给单调的旅途增添一丝色彩。

从洞庭湖上岸，通往四川的路一下子多了起来：其一，由山路行至沅陵，经湖南吉首、花垣，便可进入重庆酉阳，酉阳名胜大酉洞、二酉洞被酉城河一分为二，相传远古时期从这里走出的廪君曾率领巴人征服其他部落，建立了一个强大的青铜王国。其二，经湖南常德北上，过慈利、湖北恩施入川。大部分移民则继续西进，经湖北来凤，沿黑峒河进入四川黔江，黑峒河流入四川黔江后，也称黔水。由洞庭湖至慈利，沿途须穿过万子湖、东南湖、大连湖等湖泊，但自洞庭湖登岸后，移民却不愿再乘船，宁愿从山路绕道。另外，从湖北三峡逆流而上，经奉节、云阳，也能到重庆，不过水路对移民而言，与鬼门关无异。

康熙五十六年（1717），广东长乐县黄浦村的张衍祯夫妇，和三个儿子一道，与同乡结伴入川，行至湖广地区，妻子魏氏因旅途劳累染病，奄奄一息，同伴见其病危，安慰了一番，便各自赶路。魏氏病情稍有好转，即继续赶路，一心想追上同伴，谁知同伴已改由水路入川了，张衍祯一家盘缠无多，只得继续步行。一天，张衍祯在路上碰到一个老乡，打听同伴下落，老乡说，同伴在三峡险滩翻船，生还者百无二三，夫妇俩一时唏嘘不已。由水路入川，开销大不说，稍有不慎，便会葬身鱼腹，举家皆亡。"戊戌六君子"之一的刘光第一次由宜昌乘船回乡，曾在《南旋记》中写道："连打'两张'（船工术语，意为舟行上水），缆又断，舟约覆者数矣，以上天之福，得免于难，幸哉！幸哉！"刘光第乘的是官船，尚如此惊险，移民走水道入川，其命运如何，可想而知。

移民携带干粮上路，饿了啃干粮、吃盐巴，所谓"被薄衣单盐一两，半袋干粮半袋糠"便是这种景况的生动写照。清代有个叫严如熤的湖南人，在陕西汉中府任知府和陕西兵备道期间，经常深入深山老林踏访，这些经历后来被他写成《三省边访备览》。严如熤说，移民往往"取石支锅，拾柴做饭"，三块石头支一口锅，便能填饱肚皮，晚上住宿也舍不得住客栈，碰到寺庙、岩洞、密林，便胡乱应付一夜，有时就在人家的屋檐下借宿，第二天天不亮又要挑着行李上路。几个月来日日如此，夜夜皆然，风餐露宿，苦不堪言。

由湖北来凤行三百六十里到四川黔江，此后，过玉山、彭水、羊角嘴、涪州、长寿、重庆、永川、荣昌、隆昌、内江、资州便可到成都。望穿秋水的四川虽就在脚下，但若想到成都，却仍有一千三百余里的路程要走。而到了四川境内，移民反而更加困窘了。

清雍正四年（1726），广东兴宁县人廖奕珍一家变卖田业家产，凑得二百余两银子，踏上了赴川之路，上路前尚有八十余两银子没有收齐，廖奕珍将银子委托给族人彭某，指望他收齐银子后尽快来四川。行至荣昌县西街，二百两银子已经用完，没想到彭某却独吞了尚未收齐的八十两银子，"不敢来矣"，一家人在荣昌举目无亲，借贷无门，举步维艰，唯有强忍饥饿、疲劳，继续赶路。

身无分文、进退两难的移民为谋生计，有时不得不将幼子、胞弟卖掉，以换取盘缠。清雍正四年（1726），广东人余汝彰与三个弟弟一同入川，行至重庆府永川县，已是"行囊告罄"。无奈的余汝彰只有将幼弟汝常"出嗣"给同姓，换得几十两银子，才与剩下的两个弟弟走到了荣昌县城附近的峰高铺。当时，盘缠又花光，环视身边可卖之物，只剩下一把破伞了。在家乡，听得"包揽棍徒"吹嘘四川的种种好处，而当自己踏上这片热土时，却因为没有盘缠，要将幼子、胞弟卖与陌生人家，这种辛酸，比起五千里的跋涉，或许更令人揪心。

在现实中有这样一个现象，清代四川的会馆，在上川之路沿途往往分布的比较集中，比如，单是隆昌县就有广东会馆五所、福建会馆一所，不知道这是巧合，还是缘于移民的对上川之路的感情。

根据一些学者的研究，清代客家人入川的数目，当在100万上下，其高峰期是在清雍正、乾隆年间，雍正、乾隆共在位73年，也就是说，这期间，每天都有将近40个移民经由"上川之路"来到四川，而来自陕西、湖广的移民实际上已无法统计确切数目。康熙二十四年（1685），四川仅有人口9万，到了乾隆五十四年（1789），四川已有人口948.9万，强烈的对比背后，是一个个踏上上川之路的移民故事。[1]对于饱受战争荼毒的四川而言，外地移民上川之路的意义与成效是显而易见的，荒芜的土地上出现了一个个垦荒的身影，集镇游走着一批批操着异乡口音的商贾，一些新的物种、工具也被带到了四川，五方杂处的社会同样造就了新四川人，没有"上川之路"，清代四川的历史或许将被彻底改写。

---

[1] 萧易：《上川之路——五千里移民之路》，《成都日报》2007年6月11日。

成华客家：小区域，大历史

　　成华区，作为 1990 年成都市行政区划调整后成立的一个新区，位于成都市区东北部，是成都五个中心城区之一，以成都、华阳两县地名的第一个字而定名。东与龙泉驿区交界、南与锦江区毗邻，正好位于成都市区与东山客家聚居区的过渡地带，客家人的许多精彩故事，都与现今的这片区域息息相关。

　　自古以来，客家人及他们的祖先身上都具有勤劳、勇敢、善于迁徙的本性，其迁徙的历史可追溯到西晋时期的"八王之乱"。当时人民反抗晋王朝的斗争愈演愈烈，北方少数民族匈奴、鲜卑、羯、氐等也在此时乘虚而入，各自据地为王，导致战争不断，中原动荡。大量汉人举家往南方迁徙，而这部分迁徙的人中，衣冠士族、官宦大户甚多，逐渐形成了一股南迁的潮流，这股潮流整整持续了一百七十多年，迁移人口达一二百万之众，形成了中原汉人历史上的第一次大举迁徙。而这次迁徙，为这部分中原人奠定了追求安定、美好生活而善于迁徙的基础。使得后面再次有了因唐朝"安史之乱"后的黄巢起义、元军攻打南宋、明末清初"湖广填四川"等导致的迁徙。而他们所迁入的地方，大多数都位于崇山峻岭处，可以起到躲避战乱的作用。当然，其中有一个重要原因也是因为地势较好的地方，都属于本地土著的居住范围。所以，客家人在祖先的不断迁徙中，逐渐形成了他们独有的个性：吃苦耐劳、坚毅、勤奋等。

2018年3月的最后一天，成都下着很大的雨，非工作日的青龙场街道办事处显得有些安静。待我到达会议室时，原本以为只有一两人接受采访的主观想法，被眼前满满的一桌人彻底推翻：在当地居住的普通居民、公务员、艺术家等，均来到了现场。戴庆云先生是青龙场文化站的老站长，聊起客家历史意味深长。他的回忆像一部古老的影像机，将时间拉回到20世纪50年代。

那时，整个青龙场的客家人占总人口的95%，周边的隆兴场、保和场、圣灯寺、万年场、牛市口等，都属于客家人的主要聚居区。就拿青龙场来说，1950年以后青龙场逐渐开始修建工厂，以农业为生的客家人，随着工业化和城市化的发展，逐渐将土地让出，进入浩浩荡荡的工人行业。这些工厂，除从外地引进的技术骨干、管理者等人员外，其他人都属客家人。而土地未被征占和未进入工厂的客家人，依然在这片土地上耕种与居住。随着社会的进步与城市化建设的发展，青龙场逐渐被城市化与城乡一体化，最终形成现在的人口分布。而今，客家人依然是青龙场地区人口的主要部分，只是随着外来人口的迁入，客家人的人口占比有所减少。

现今的整个成华区，都经历过如青龙场这般的发展与变迁。而从整个成都市区以及东山客家来说，成华区所处的地理位置和人口分布情况具有举足轻重的作用。

成华区的大多数区域，属于成都平原与龙泉山脉过渡的浅丘地带。"湖广填四川"时，因当年清政府的政治性移民，先行前来的湖广人插占了平原上土地肥沃、灌溉便利的大部分区域以及府河、南河等流域。而随后因贫穷、逃难或利益性驱使等移民迁徙进来的客家人，所占优势就相对较少。还原当年客家人迁徙至成都平原时的人口情况，不得不说成华区成为客家人的聚居区是地理位置与文化相异使然。

纵观四川的地理、人口、民族、文化等，成都平原、龙泉山脉及其以东，绝大多数地方都被明末清初的外来移民所占据，而战乱后幸存下来的，或者归来的本地居民数量只占"湖广填四川"后四川人口的很少一部分。府河、南河、沙河等河流，贯穿成都平原，自先秦秦惠文王派遣李冰父子修建都江堰水利工程以后，成都平原从民不聊生的水旱灾频发之地，逐渐变为土地肥沃的天府之国，并成为四川的政治、经济、文化中心。成都平原的西部，为世界著名的横断山脉，相传杜宇、开明两位蜀王都来自这一地带。而这一地带的居民多以土著为主，民族多元化，并有自己独立的生活方式、历史文明等。先行的客家人对四川进行过整体的考察，纵使在现在四川的温江、郫县、大邑、邛崃、崇州等地，都有客家人的居住，家谱上也有相应记载，但都抵不过成都平原东部地区的客家人规模，因为平原以西及以南、以北的大部分宜居之地，都已被先行而来的湖广人及少部分周边省份的人所插占，唯有平原以东的地方，还处于未开垦的荒原地带。

古老的沙河，贯穿于成华区境内。从明末清初成都县与华阳县的地图划分来看，成华区不属于当年老成都的主城区，如今比较繁华的牛市口、塔子山等地，在当年属于浅丘地带，适合开荒农耕；而沙河以内，地势却逐渐平缓，延伸向成都平原，所以，这一地带便自然而然成为客家人离成都最近的聚集居住地。因为有沙河的哺育与灌溉，勤劳的客家人将这里打造成了成都平原东区农业最发达的地方。清朝时期的沙河两岸，水车咕噜，粮田千顷，使得东山地区的部分客家人也羡慕不已。毕竟山上的土地始终还是无法与平原媲美，再加上便利的沙河水系，在农作物的种植上，平原更是占尽了优势与便利。

现今，成华地区的客家人从行政区域上来分，青龙场、龙潭乡、保和场、圣灯寺这四个区域比较集中；而从流域上来分，沙河流域也属于客家人的聚居区，工业化的发展、城市化的建设以及外来人口的居住，使得整个客家聚居区发生了巨大变化，而这样的变化，使客家文化整体得以传承的同时，也使其部分传统文化趋于消失。

落籍西川

　　浩浩荡荡迁徙而来的客家人，正如他们的祖先一般，经过无数的期待与努力后，最终在西蜀地区落地生根。成都平原东部的成华区与东山客家牵扯着千丝万缕的关系，成华区在东山客家范围之内，但又与东山其他区域的关系有所不同。如此一来，构成了沙河客家的多元化发展。此外，客家人的到来，也给四川场镇带来了前所未有的发展。

东山客家：四川客家的形象代表

说来也是奇怪，有一种概念性的区域，在官方地名或地图中，未曾标注出明确的范围，这种概念性的区域在中国不算少见，成都平原的东山，便是其中之一。

打开常用的百度或者高德地图，输入"东山"二字，在成都东部及东北部地区，搜索不出东山的区域划分，但却能够搜索出带有"东山"二字的小区、餐厅、茶馆或者古玩集市等。

查阅众多历史资料可知，"东山"这一名字，最早出现于金堂淮

▼ 东山客家的形象代表——会馆　佘茂智摄

口镇白塔寺中明嘉靖三十二年（1553）的古碑之上，碑刻有"东山白塔寺"五字，可见"东山"的概念在明代便已有之。清人傅崇矩在《成都通览》一书中写道："成都系平阳大坝，并无大山，东路之山起于五十里简州之龙泉驿……近城一带之凤凰山、东乡之东山，皆黄土小坡。实非山也。"[①]地理学上，成都海拔约500米，东山磨盘山586米，龙潭寺522米，莲花堰509米，塔子山501米，杨柳店514米，凉风顶543米，高店子533米，它们自北向南形成了一条丘陵线，将成都平原与东部丘陵缓缓隔开。因此，所谓东山，其实是成都以东的这片丘陵地带。

俯瞰成都平原，四周均是崇山峻岭，秦岭山脉、横断山脉、龙泉山脉和大巴山将其围绕，成都平原像个襁褓中的孩子，呈长条船形依偎在群山之间，而成都城的城址，自古以来并非建立在平原正中，而是建立在微微靠近龙泉山脉的平原区域。府河、南河、沙河等河流围绕其间，地势平坦、水陆交通便利，饮水资源丰富。

成都城区的南、北、西三部，则主要以平原为主，土地膏腴，灌溉便捷，是种植粮食、瓜果等农作物的绝佳之地。而成都城区东郊，地势逐渐由平原过渡到龙泉山脉，主要以丘陵为主，自然条件和耕种条件相对较弱，在成都四周的郊区地带显得尤为突出。因此，相对平原来说，这些隆起的小土丘或者小山坡，足以被成都本地的人们称为"山"，东部之山，即"东山"。

而真正的东山，并非人们想象中山势陡峭、海拔很高的山群，而

---

① 傅崇矩：《成都通览》，巴蜀书社，1987年。

是地理概念上的浅丘地区。浅丘是介于丘陵与平原之间的过渡地貌类型，属于丘陵范畴，坡度多在15°以下，或呈波状起伏，或呈岗丘形态。

成都平原四周的山，连绵起伏，近低远高，这在众多文人墨客的诗歌中体现得淋漓尽致。唐代诗人李白的诗句"蜀道之难，难于上青天"，直接描绘出了平原北部的山势陡峭，实为难走之地；他也曾描写平原南部"蜀国多仙山，峨眉邈难匹"。诗人钱起也曾作诗"蜀山西南千万重，仙经最说青城峰。青城嵚岑倚空碧，远压峨眉吞剑壁"，描绘出平原西部青城山之美。诗人杜甫也在成都写下脍炙人口的"窗含西岭千秋雪，门泊东吴万里船"。

由此可见，古代的文人墨客，大多关注的是成都平原周边的名山大川，平原以西、以南、以北的壮美、秀丽之景在古人笔下流传至今，而成都东郊地区，很难找到相关的诗词和文章，多少显得有些令人不解。其实这也并不能责怪文人，而是因东山地区确实有自己的"难言之隐"。

成都平原沃野千里，素有"水旱从人，不知饥馑"的美誉。平原有肥田沃土，东部丘陵却是不适合耕种的黄泥；平原河流纵横，东部丘陵则是缺水少河。清代以前，东山丘陵荒凉、贫瘠，常用于流放犯人，埋葬故人，也是土匪出没之地。因为人烟稀少且属蛮荒之地，史学家不愿来到东山，因此东山在史书里几乎是空白的一页；诗人也很少在东山吟诗作对，因为相对较弱的自然景观和人文景观很少能引起诗人的雅兴，翻阅成都的史书、诗集等，只能找到两首描写东山的诗。清朝初年，一支曾令清王朝大为头疼的军队被流放到了东山，在这片穷山恶水中自生自灭，没有流传下任何关于他们生活的记录，这样的状态，一直持续到清朝乾隆年间才有所改观。

清乾隆二十八年（1763），时任成都锦江书院山长的彭端淑信步走出锦江书院，沿着锦水（府河）的方向，一直走到了东山，在《至日郭外早行至东暮宿山寺》一诗中，他写道："言向东山去，直缘锦水旁。"彭端淑与李调元、张问陶并称清代蜀中三才子，在京为官多年，阅历无数官场明争暗斗，终日惘怅愤懑，来到锦江书院后才一洗官场束缚，言行之间，无不有一种"脱羁地，鸿雁游海天"的欢快。

彭端淑的东山之行是在清乾隆二十八年，在清代文人眼中，彭端淑的行为让人难以理解，至少是十分大胆的。历史上的东山常有土匪、强盗出没，有兴致在东山留下诗作的诗人并不多见，难得彭端淑

▼ 东山客家人的民俗表演　朱玉霞摄

有如此雅兴。历朝历代中，东山也常被作为林地或者墓葬之址，如明朝的朱氏蜀王陵等，都位于这一地带。

明末清初的"湖广填四川"中，邻近四川的湖北、湖南人可谓是近水楼台先得月，优先进入四川，并插占那些地势平坦、土地肥沃、水源充足的膏腴之地。而随后从闽粤赣迁徙而来的客家人，却只能在其他未被插占的地方开荒种地，所选之地，都已不如早来之人插占的那些地方。他们能够选择的，大多都是条件相对较差的丘陵地，而在迁徙的队伍中，成都始终是众多移民心中的最佳目的地。因而，成都就像一座深入大海的灯塔，点亮了他们心中的希望与星星之火。后来，凡是靠近成都周边且未被插占的区域，均被客家人所占据。

随着客家人的开垦，东山地区逐渐成为客家居住区，成都人便用东山借指"土广东"客家人，东山逐渐成为一个区域文化的概念。1991年11月，四川客家研究中心成立，东山地区的客家人被众多学术研究者纳入课题研究范围，并根据东山这一地名，将这一代客家人命名为"东山客家"。

现在的东山地处成都成华、华阳、新都、金堂、简阳之间，包括洛带、十陵、义和、同安等25个乡镇。其界域从成华区范围内原来的保和场到龙泉山麓的万兴乡，横向大概23千米；从新都区的新店子到龙泉驿区的大面铺镇，纵向约20千米，约合460平方千米。在整个东山客家的地域中，包含了现今成华客家的一部分区域。由于成华客家地处成都平原与龙泉山脉的过渡之地，一部分客家文化与湖广文化在这里相互交错，包容并蓄，最后形成了与东山客家相通相近又不相同的客家文化，其中以沙河客家最为典型。

沙河客家：平原与丘陵过渡带的生存之道

　　沙河客家，即沿着沙河流域而生的客家人。发源于岷山的府河，在成都洞子口向左分支出一条沙河，沿着成都东部平原与浅丘地带，经驷马桥向东，穿越东郊腹地，然后逐渐转向西南，约22千米后，在现今成都锦江区的河心村附近又与府河相汇，流入岷江，最终汇入长江。自"湖广填四川"以来，成都平原与东山客家的交汇之处经过长期发展，客家人在这一带用自己的勤劳筑建起全新的生活，因为社会与时代发展的需要，这里的人口结构也不断发生着阶段性的历史变化。

　　5月一个晴朗的下午，我骑着单车在洞子口一带瞎逛，升仙湖幽静、秀丽的风景，让人远离城市的喧嚣。斑驳的阳光在树影之间随风摇晃，时光如梭，让人情不自禁地想在这般的梦幻景色之中，寻找些曾经在这片土地上耕作的身影。一位大爷在道路拐角处的报刊亭边呷着今年的雨前川茶，问他沙河在哪里时，他指着身后的道路说，就在你右手边过去一百米处。

　　而今的沙河，早已见不着曾经那些面朝黄土背朝天的耕作情景，唯有一些安置小区和商品楼房屹立于河道两岸，成为最新的标志性建筑。我向双水碾社区的工作人员询问关于周边客家人的情况时，他们表示对此较为陌生，后来走出一位对客家稍有了解的工作人员，说这一片区域几乎没有客家人居住，可以到昭觉寺旁边的青龙包一带寻找，那里有许多客家人。

对于这样的现象，其实早在我的预料之中。沙河两岸人们对客家人的了解如此模糊，除因城市与工业的发展、外来人口严重冲击当地人口构成等因素外，也与当年"湖广填四川"时人口的分布有一定的关系。

刚迁徙进来时，因清政府在政策上鼓励开垦，且不过多干涉他们插占的土地，只需要将插占地进行登记即可，充分激励了移民垦荒的热情。于是，四川大部分地区的平原、平坝、沃野及交通和灌溉便利的地区被湖广人等邻近的移民大面积插占。随后，逐渐迁徙进来的客家人则没有湖广人如此幸运，因不具有湖广人近水楼台先得月的优势，只能在未被湖广人插占的丘陵及山区落地生根。沙河内侧为平原地区，沙河外侧则为平原向龙泉山脉过渡的浅丘地貌，截然不同的地理环境及地域文化，造就了沙河流域与四川其他地方客家人的不同特征。

千百年来，客家人的祖先从秦国征服南越时期就开启了迁徙之路，后又在不同朝代因战争、政策等各种原因相继迁徙，逐渐形成了坚韧不拔、吃苦耐劳、永不放弃的精神。纵使湖广人等先行占领了四川地区的优越之地，他们也坚信四川一定有那么一块土地，就是他们要留给子孙后代的一块福泽之地。沙河内侧的平原与外侧的浅丘，对农作物的多样性种植十分有利，部分客家人在东山地区落脚，后待经济条件稍好，再移至沙河一带。当时西蜀地区地广人稀，土地价格并不高昂，一些插占太多土地又种植不过来的湖广人，将土地便宜卖给客家人，客家人则可以用很少的钱或者一只鸡公、一升米等换到一块土地。随着迁徙入川人口的逐渐增多，未被开荒的土地越来越少，后面来的客家人则只能靠佣田为生。部分勤劳智慧且有手艺或者善于经商的人，也时常在沙河流域一带的场镇做买卖，挣钱以后就在此买房定居，或在周边购买土地。

沙河流域的人口，从以湖广人为主到之后以客家人为主，与客家人的勤劳不无关系；沙河客家的形成，在整个四川地区属于典型的二次迁徙，这些客家人大多由东山迁徙而来。如今，东山客家已经是四川地区客家人最集中、客家文化保存最好的区域，可沙河流域的客家人为何最终没有如东山客家一样，将自己的语言和文化一直延续到今天呢？

带着这一疑问，我在一个雨后的清晨，前去拜访了研究沙河客家的谢桃坊先生。他向我介绍道，在城市和工厂还未发展至沙河流域以前，沙河两岸主要以种植粮食为主，东山地区的客家人经济条件逐渐好起来后，开始在土壤优质的沙河地区购买土地，在当时的时代背景下，这是一件十分自然的事情。可也有一些客家人发

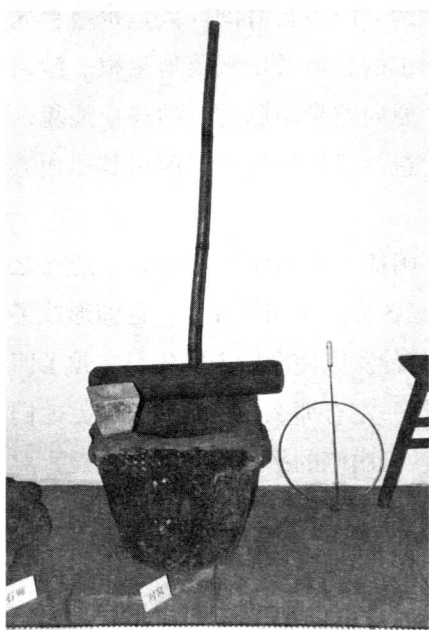

▲ 客家人的生活用具——碓窝　朱玉霞摄

家致富后，不愿意搬迁到沙河地区，因为丘陵和山区是农民生存的双重保险，这在战乱或者受灾的年代表现得最为突出。

丘陵及山区，土地和灌溉资源固然不及平原地区，但如果是在受灾的年代，如发生暴风雨雪、洪水、干旱等灾害时，平原地区的粮食和庄稼一旦被毁，则很难在短时间内得以恢复，从而造成饥荒。而丘陵山区，因土地地势高低不同，面积不一，形状各异，可以种植的农作物品种多样、各不相同。如果一块地方被毁，另外一块地方还有可能因为受灾程度不一而被保留，就算都受到一定程度的影响，也还可以靠山吃山、靠林吃林，在山里找些野菜、野果或打些野兽充饥，不至于像平原地区，一旦被毁，则很难快速缓解或解决问题。

▼ 客家人的生活用具——锯子、竹篮和盖梳　朱玉霞摄

　　所以，在客家人看来，平原虽好，但不能很好地防患于未然。自古以来，尤其是客家人的祖先自宋朝末年迁徙至闽粤赣山区以后，他们便已经习惯了在崇山峻岭间开荒生活，并逐渐总结出许多蕴含在生存与农事中的规律与智慧。

　　在这样的生存环境之下，沙河流域的客家人，逐渐形成了自己独有的生存法则。隆兴场（今龙潭寺一带）作为东山第一大场，与沙河流域及东山各个地区的场镇形成了紧密的联系。沙河流域的青龙场、赖家店、牛市口、万年场等，都有通往隆兴场的道路，而沙河流域的这些场镇，又与成都主城区相互连接，构成平原与东山客家人的场镇过渡带。成都城区的居民或者商贩如果需要购进粮食、蔬菜等物资，都可以在沙河流域的这些场镇购买到，而这些场镇的商贩，绝大多数来自东山地区。沙河地区除在地理、地貌上为成都平原与东山丘陵地区的过渡带，在经济上也是一条连接东山与成都市区的纽带。

　　在采访青龙场原文化站站长戴庆云先生时，他曾经就这样描述道："在青龙场等以客家人为主的场镇，商人如果会说客家话，生意会相对较好；如果购买东西时会说客家话，也不会被商贩缺斤少两，或者烧价格。"

　　1950年，成都地区开始实行土地改革，将土地按照标准比例分配给当地农民，沙河流域的客家人自上川后以插占、买卖为主的土地制度彻底结束，曾经的地主阶级也被彻底洗牌。

　　20世纪50年代，中国开始进入现代化的大发展时期，成都也不例外，沙河流域作为发展的重中之重，机电在沙河流域集中发展，给这片土地及客家人带来了翻天覆地的变化。1953年，苏联政府援建中国的141个工业建设项目（后增加至156个）中，其中有3个军工企业首先落户在成都东郊的沙河区域，即成都锦江电器厂（784厂）、成都航天通信设备厂（719厂）和成都宏明无线电器材厂（715厂）。1958年11月，国营红光电子管厂（773厂）开始在沙河流域建立，成为我国最早建成的大型综合电子束器件基地，也是我国第一只自行研发黑白显像管的诞生之地。除以上工厂外，国光电子管厂、成都电机厂、量具刃具厂、军用光学玻璃生产厂、前锋无线电仪器厂、新都机械厂、无缝钢管厂、国营亚光电工厂等，都纷纷在沙河流域建厂。这些工厂的建立，不仅彻底改变了成华沙河地区无工业的历史，也改变了沙河流域的土地使用方式及人口构成比例。

据曾经居住在圣灯街道的谢惠祥先生回忆，20世纪50年代以前，沙河地区居住的外来人口很少，大多数为客家人，后各种工厂开始兴建，外来的技术人员、工人等开始常年居住于此，并在此结婚生子，繁衍至今。随着外来人口的增多，沙河地区的客家人所占的比例逐渐缩小了。

随着这些工厂的进入，当地居住的客家人的土地被陆续征用，并由农民身份转为非农业身份，即"农转非"。曾经作为粮食、蔬菜的耕作基地，也随之逐渐减少，为能够满足当地及成都城区人们对蔬菜的需求，在一些指定区域，如圣灯乡、保和乡等，都出台有鼓励大面积种植蔬菜的政策，客家人最为传统的自给性农业被彻底打破，而曾经干净的沙河之水，也由此被各类工厂排出的废水污染，一条流经几千年的沙河，在时代的发展中承受着重大考验。

城市，是任何一个地方经济、文化发展的重要标志，随着成华区的建设及城市化的不断推进，沙河地区的土地陆续被占用，在这里生活了长达三百多年的客家人也陆续住进安置小区，结束了他们以农为本的生活与身份。

如今，整个沙河流域，已经与外来人口和文化相交融，而在这片土地上继承和发展了三百多年的客家文化，也被动成为一种具有时代性的文化符号，渐渐融汇于历史的发展潮流中，唯有在某个清晨或黄昏，一些老茶馆或者老店里，能听到一些人在用客家话交流与对话。

耕读传家

　　客家人长久以来的迁徙背景与独特的生活环境，使得他们一直都处于既独立又开放的状态。在人与人的相处中，对自身修养及教育，他们都有着严格的要求。忠孝节义、耕读传家，是这上千年来他们身上始终都保留的东西，在其背后，有着中国古老文化的影子。

忠孝节义：传奇五哥在龙潭寺

明末清初，闽粤赣地区的客家人随"湖广填四川"而来，除农民、灾民等，商人也是其中之一。龙潭寺一带，因为客家人的大量聚居形成集市，吸引了一大批有德、有才、有财的客家商人在其居住。清朝时期，除官方的衙门在此管理，"袍哥"作为民间组织，也维持着当地商业、治安等秩序。双方立场不同，但也讲德讲理，相处融洽。在袍哥组织里，有着"仁、义、礼、智、信"的排辈顺序，龙潭寺的袍哥组织位居"仁"首，深受商界及江湖人士的捧场。在袍哥的带领下，商业有序发展，社会治安相对稳定，这样的状态一直延续至清末。

随着大清王朝的瓦解，四川稳定发展三百多年后，开始走向"湖广填四川"后的第一个滑坡之路。战乱使得社会动荡不安，赋税繁重，土匪纵横，成华客家区域也受到了相应的影响。龙潭寺作为东山五场之首，社会治安也开始有所变化，曾经安宁的街道，也变得有些紧张，一些不守规矩的袍哥无视"仗义"信条，只要能够绑到肥票，什么事情都可以做得出来。龙潭寺都是这样，周边的场镇情况就更加严重了。他们白天以商为业，看起来衣冠楚楚，到了夜晚就变成了棒老二，绑票的事件时有发生，许多有钱人家，时常夜不能寐，人心惶惶。

家住成华区小龙桥街的张炳聪老人回忆到，其上川始祖迁入四川后，就居住在东山的洪安乡，其父亲张华光因为家庭贫困，辍学后到龙潭寺谢家学习裁缝。张华光从小勤奋懂事，样子也长得俊俏。到了谢家裁缝店后，深受师父师娘的喜爱。因为洪安乡与龙潭寺距离较远，张华光平时就住在裁缝店里，和师父师娘一起生活，师父师娘也将这个徒弟当作自己的孩子一样对待，衣食都管。这样的日子一直风平浪静，小店的生意也还算过得去。可是，突然有一天，一桩绑票案将这所有的一切打破。

这天，天已经黑尽，师父神色十分紧张，因为棒老二这晚盯上了他家。还没有等他想到合适的办法，棒老二已经开始撞他家的门。这该如何是好啊？师娘一急，吓得差点晕了过去。就在这时，张华光急中生智挺身而出。他让师娘将少爷的衣服给他穿上，然后帮助师父从后院围墙处先逃出去，自己和师娘留在家里。他心里很清楚，只要有自己在，师娘就绝对不会有什么问题。

时间一点点过去了，撞门的声音越来越重，最终，"轰"的一声，门被撞破，一群棒老二蜂拥而入，提着枪拿着刀将张华光和师娘扣了起来。棒老二们在屋里搜寻了一圈，再也没有找到任何人，再回过头来打量了一下他们，心里有些摸不准。见张华光穿得光鲜亮丽的，又听说谢家有一少爷，大概也是这般年龄，于是就误将他当作少爷绑了起来，他们还互相交流了一番，说平时就是这小子经常在裁缝店铺里面忙活，跟老板十分亲近，定是少爷无疑。于是将张华光带走，并告诉师娘说三日之后，拿钱赎人，若不然就撕票解决。

棒老二们撤离以后，师娘哭得伤心欲绝，躲在家外的师父随后也回到家中。两口子内心愧疚不已。张华光虽只是自己的徒弟，但能在危急的时候挺身而出，看得出是个非常重情重义且有孝心的好伙计，可是要一次性拿出那么多钱赎人，确实又叫人十分为难，虽说自家开裁缝店为生，但在这样动乱困苦的年代，能够养活家人及店铺里面的工人就已经十分庆幸了，哪还能凑出那么多钱呢？两人心急如焚，觉得太亏欠了这孩子，于是抱头痛哭一场。

当年，被棒老二们绑回的肉票，全都被送往偏僻的龙王场，关在黑暗的屋子里，就算被带到室外活动，那也是被里三层外三层地严格把守，根本就没有机会知道自己究竟在什么地方。一些家境好的人，会想尽一切办法将人赎走，而一些家境不好的，或者双方在谈判中没有达成一致的，都会被撕票。这样的景象，是当时的常态。张华光心里也很清楚，当自己决定穿上少爷衣服的那一刻起，他的生死，只掌握在自己的手中。一日为师终身为父，自己的做法，也是一种孝敬和报恩；他从小父母就已过世，更无依靠。于是他静下心来，寻找可以逃跑的契机。

张华光利用室外活动的机会，仔细观察周边地形，无意之中，听说这里就是龙王场，于是心中有了希望，脑海中也逐渐回忆起自己周边的地理环境。在他幼年时，因为龙王场离家乡洪安乡不是太远，正好他曾经在这一带放过牛羊，大概的地理环境还不算陌生。眼看着就要到约定赎人的日子，他找准了时机，趁机逃出并躲了起来，在与棒老二们周旋许久后，他凭着记忆里的路线，摸黑回到了裁缝店。师父师娘还在为没有筹够赎金而焦急不已，见到眼前的张华光，激动得欣喜若狂。

第二天，张华光扮少爷救师父师娘的故事在整个龙潭寺传开，成为一段忠孝的佳话。这段故事，也传到了袍哥的耳中，畅聊之余，大家都觉得这个小伙子是个可以栽培的人才，决定会会这小子，并把他带进堂子学习做事。

张华光因为懂事较早，且头脑灵活，有主见，什么事情该做、什么事情不该做，什么事情该如何去做等，都拿捏得十分到位，所以堂子里的活儿也适应得相当快，深受袍哥和当地人的喜爱。茶馆之事、组织之事，只要交给他经手，都是有条不紊。而在家族里，张华光的地位也变得重要起来。族人们在宗族会议上，推选其为总理（即总管理事的意思），把大小事务交由他掌管与安排，年轻的他受宠若惊，二十几岁就能在宗族事务中得到如此器重，从其上川始祖以来未曾有过。在整个客家移民史中，也是少之又少。

在成华客家之中，忠孝节义，不仅体现在袍哥身上，更是被纳入官方的政绩考核，如有子女对父母或长辈不孝，情节严重者，当地的县令都有可能因此而丢了乌纱帽。清朝至民国时期，一直都是如此。

张炳聪老人回忆，小的时候，龙潭寺街上有一对何氏母子，不知因为何事在猪市坝发生了争执，小何情绪激动，推了母亲一掌，将其推倒在地上，年少的他可能未曾认识到此事的严重性。他刚将母亲推倒，就立马被巡逻的衙役抓了起来，送往衙门审问。其母亲赶紧爬起来跟衙役求情。官府大人严明办公，一直让小何承认错误，并要追究其过错。小何吓得不知所措，哭着求饶，围观的人群里三层外三层的，最后还是小何的舅舅前来极力说情，才免去了他的牢狱之灾。

在客家人中，"忠孝节义"不仅仅只是体现在袍哥堂子及民间生活里，千百年来这一礼仪更体现于客家人的家谱中。在圣灯的《谢氏族谱》里，就记录有"孝顺父母"的家约：

　　父兮生我，母兮育我，父母者人身所从出也，可不孝之顺之乎。常则就养无方，过则从客几谏。在家则下气柔声，奉命惟谨，出仕则爱民勤政，显亲扬名。病则随侍药汤，不离左右，死则经营葬祭，称家有无。至于生父、继父、嫡母、庶母、祖父、祖母、诸父、诸母，以及姑父、姑母、舅父、舅母，亦宜推广孝顺父母之心，以曲尽恭长上之礼焉。

龙潭寺的《范氏族谱》的宗约里面，更是把"孝"作为第一条古训，用以教导后人：

　　一曰首孝弟以笃人伦，三代之学，所以明伦，天下之平，基于亲长。《孟子》七篇，于斯三致意焉。本约以孝弟冠全纲。盖敬祖睦诸端，要不过本此以推耳。①

客家人的祖先在经历了历史上的五次大型迁徙之后，他们可能在迁徙的过程中带不走所有的家产钱财及情感，但却完全意识到了祖训的重要性。"宁丢祖宗田，不丢祖宗言"，他们将语言作为文明与情感的一种体现，从中带走的是祖祖辈辈留下来的故事、古训、知识、文化及传统等。自西晋第一次南迁开始，这支客家人就带着对国家的忠孝之情延续下来。

---

① 李全中编：《成都东山客家氏族志》，四川人民出版社，2001年。

耕读传家：读书为光宗耀祖之大事

两千多年前，孔子打破"学在官府"的制度后，民间办学成为历朝历代中的一种传统。客家人在晋朝第一次大型迁徙时，其队伍中，有许多经济条件较好、文化程度较高的达官贵族，因此不管迁徙至哪里，他们都觉得后人均应多读书，读书不仅可以使人明智，也是走上仕途或光宗耀祖的最佳途径。在他们的理念里，要想家族走得更远，则必须读书。

龙潭乡学

作为"东山五场"中第一大场的龙潭乡，在嘉庆二年（1797）正式成立龙潭乡学，成为龙潭乡的一大盛事。对于当地的客家人来说，这是一件期盼已久的事。

客家人自古以来都把耕读传家作为家中首要之事，因为他们有着"衣食致富，靠力田行商；成才扬名，须习字读书。唯有读书，方可明智为事；唯有读书，方能走上达官仕途"的理念。所以，努力耕读，最终才能光宗耀祖。这是客家人从古至今一直坚持的事情。

嘉庆二年之前，成都县及华阳县地区已经有许多以教为本的私塾在进行授课，龙潭寺距离当时的成都县城有十多公里，想要送孩子进城读书实非易事。家境稍微好一点的，会请先生到家里或者祠堂授课，教孩子们读书，识字，学八股文等；而家境贫寒者，只有靠识字的父母或者阿公阿婆；更多的贫苦人群根本没有任何条件可读书习字。

嘉庆年间，龙潭乡的布政使林俊在川已久，留心民疾，其在政期间，极力倡导崇文兴教。后在县令徐念高的主持下，召集客家各宗族的族长开会，商量办学的事宜。

听说要在场镇上集体办学，各个宗族都很乐意，这样一来，就不用单独花费资金请私塾先生们到祠堂里上课，在费用上可减少一笔开销，也可以与其他宗族共同分摊经费，同时还可以给其他家境贫困的客家孩子提供读书的机会，这无疑也是一件善事。

商讨会议结束以后，绝大多数的宗族都通过了这一决议。创办乡学的事情得到了有效的资金支持与民众支持。各宗族以强有力的执行力，将自己应该出的那一部分钱物都捐献出来，学堂统一分配，请授课先生、定教材等，经过很大努力，嘉庆二年，学堂终于正式开学。

开学这天，参与支持的宗族及场镇和周边的客家人纷纷前来参加开学典礼。一群穿戴整齐的孩子在老士绅的带领下簇拥着前去迎接布政使林俊和县令徐念高，热烈欢迎他们两位前来参加开学仪式。

学校选址于龙潭寺庙中，在他们到来之前，人们已经将"至圣先师"孔子的画像挂于殿中。吉时一到，林俊在众人的敲锣打鼓中，将手洗净，向圣人画像进献三炷礼香，接着完成初献爵、亚献爵、终献爵三个献礼。献礼结束后，林俊和徐念高一起带着众人向圣人画像三跪九叩，并由徐念高诵读祝文：

> 维先师德隆，千古道冠。百王揭日月以常行，自生民所未有。属文教昌明之会，正礼乐乐和之时。辟雍钟鼓，咸恪荐于馨香；泮水胶庠，益致严于笾豆……①

自此以后，寺庙里就时常飘出孩子们读书的声音，从院中传到场镇大街，成为当时客家人心中最美妙悦耳的声音。随后，越来越多的人将读书作为家中头等大事，无论经历多少困难，都竭尽全力送孩子上学。孩子们除学习科举考试的八股文、试律以外，还学习诗词歌赋、练习武术、音乐启蒙等内容，尽量做到全面发展。

在龙潭寺，许多宗族都单独购买有田土，所产的经济作物、粮食等，用于宗祠的各种开支。龙潭乡学，作为由各个宗族捐资创办的学堂，属于民办性质，所以各大宗族都捐赠部分土地物资给学堂，用于支撑学堂的各种开支和费用。为了鼓励孩子们努力上学，学校还设置了奖学机制和奖金，如孩子考上了秀才，即可奖励金花彩缎一匹；如果中了举人，则还会送进京会试的盘缠等，充分激发孩子们的读书热情。

龙潭乡学，即现在的龙潭小学。在一次采访中，我无意间认识了在龙潭寺土生土长的李明英老人，她回忆其孩童时就在这所学堂读书，当时客家人都有一些关于上学的儿歌，说到兴奋之时，我请求她用客家话来一段，她有些腼腆地说因年事已高，只记得其中一部

---

① 刘小葵：《成华旧事》，成都时代出版社，2017年。

分了。身旁与她闲嗑的几位客家老人也都起哄着请求她说一段与我听听，于是她也就不好推辞地回忆了一段：

> 菜籽花开满地黄，细娃学生进学堂，一早就爱去，天光就下床。
>
> 读书趁年轻，莫话日子长。功名系小事，爱学存天良。先爱学礼信，作揖爱恭敬。
>
> 走路莫乱窜，见人就爱问。读书爱发狠，读了就爱认。读书把细听，写字爱端正。
>
> 第一讲善恶，第二讲报应。读书学好人，先爱学孝顺。讲话识轻重，做事爱谨慎。

李明英老人说，自己的孩子出生以后，家里有时也会捉襟见肘，但不管如何艰难，都不允许孩子们退学，克服一切困难读书。

当时同在一桌的白廷贵老人也回忆到，当年家里特别穷，因为父母早逝，给他的生存带来了诸多的困难。小时候时常没日没夜地割草去卖，夏天雨水充足菌类开始生长时，还跑到很远的地方去捡菌子，卖掉后交学费等。小学毕业升入初中后，因为实在无力交付学费，连吃饭都很困难，便辍学回家，为生计而努力奔波。

白老先生是地地道道的客家人，从小就刻苦自觉，纵使当年因为家庭困难而辍学，也依然没有放弃任何可以学习的机会。因为具有学识，所以在他后来的人生道路上，也算是苦尽甘来，逐渐走出了困境。今年已经七十三岁的他，是位退休公务人员，享受着国家的退休工资。

若平时没事，就到龙潭寺正大门的风云茶社里坐坐，与老朋友们喝喝茶，聊聊天。在他的精神面貌里，完全展现着客家人坚强不屈、吃苦耐劳的品质，其儿女也是读书有成，有了稳定的家庭与事业。

树德小学

在成华区保和街道东升社区九组，还保留着国民革命军将领、教育家孙震先生为父亲修建的一座祠堂。这座祠堂刚修建完成不久，孙震先生就将其作为学堂，开始对外招生，免费为周边的孩子提供受学机会。孙家祠堂位于东山客家人聚居区，其中客家子弟受益良多。

孙震先生为什么要把刚刚修建完成的祠堂改为学堂呢？这与他的成长经历息息相关。

在《楸园随笔》中，孙震先生回忆到，光绪三十年（1904），自己刚好十三岁，告别了母亲正式进入成都的墨池书院读书，当年因为正值北京废科举、兴教育、革新读书、趋向科学之际，所以将书院改名为学堂。学堂根据考取学生的人数，分为甲、乙两班，并选取年长者组织师范生一班，预备做各乡镇兴办小学的师资。

当年成都有名的经学大师及教育家龚向农的父亲龚藩候为第一任受聘主办者，名义为堂长，后来改为校长，当时的学生除了缴纳伙食费外，其余一切均为官费。进入学堂以后，最让孙震先生感到惬意的事情即为改革私塾方法，且不再施行体罚，老师立而教，学生坐而听，不再背旧书，只是有时会规定默写其中的某些章段，对其影响颇深。

▲ 孙家祠堂里的巷弄　朱玉霞摄

第二年，孙震先生家里遭遇了父亲离世、胞姐早逝的变故，之后学校又突然提出开始向每一个学生收取学费和杂费，这无疑是雪上加霜。此时学校还规定距学校三十里者才准许入校，其余住家城内及附近的人，一律改为通学。因为读书时需要在外面解决中午的伙食，无疑又给家里增加了一笔开支。后来母亲给火柴厂糊火柴盒，或多或少解决了那么一点经济压力。但不管怎样艰难，孙震先生都没有放弃他的求学之路，最终以优异的成绩考入陆军小学，走上了军旅之路。

1926年，孙震先生任国民革命军第二十九军副军长。想起自己曾经读书时的经历及当时整个中国的困境，他毅然决然地决定将修建的祠堂改为学堂。而他的这一意愿，很快得以施行。

该祠堂为四合院，占地十余亩。主墙体由火砖砌成，穿斗木结构、歇山屋顶、小青瓦面。院中的所有门窗均为原木雕花，对称之中，镶嵌有牡丹、荷花等吉祥图案。整个院中，其撑拱不仅描金精美，雕刻工艺还十分精湛，是一处难能可贵的祠堂，祠堂的大门两侧柱子上，还刻有一副楹联：

马鬣喜崇封，万壑松楸，春露秋霜增孝感
蚕丛新启宇，一龛香火，晨钟暮鼓壮光灵

如今，这副楹联都还完整保存于祠堂的后院中。

1928年，孙家祠堂建成以后，孙震先生开始筹备建立树德义务小学，让附近的孩子们都有地方上学。1929年，孙震以孙氏宗族的堂号"树德堂"作为名字，开始在祠堂里面办起学堂，这便成为现今树德

▲ 孙家祠堂里现今依然保存着的楹联　张兴渭摄

教育的起源。

　　孙震先生创办学堂以后，为了鼓励周边的人将孩子送来读书，除免去学费和杂费，还每月给每个学生发放两个银圆，并免费提供校服。

　　后来，为了更好地适应当时政府的教育体制，学堂改名为树德第一小学，并聘请王述君担任校长。王校长极为重视教学方法和教育质量，培养出来的学生能力出众，成绩优良，常受到当时华阳县政府的表扬。

　　在创办第一小学后，孙震先生总结了办学经验，又在多宝寺创办起了树德第二小学，宁夏街的树德第三小学，簸箕街的树德第四小学。为使孩子们能够继续升入中学，1932年，他创办树德初级中学，男生部设在宁夏街的树德里，女生部设在宁夏街的树德巷。1937年，孙震先生再次创办高中，而后树德中学就拥有了初中和高中两个部分。原本还想继续创办树德文理学院的孙震先生，后来因为时局发生变化而未能实现这一愿望。

　　而今，树德小学于2010年9月在成华区万科北街重新修建后进行招生，树德中学也成为整个四川省的重点示范性中学，被莘莘学子订立为考学的目标。

　　据成华区教育工作者刘小葵先生介绍，现今的树德小学以"树德树人"为办学宗旨而命名。树人先树德，校如其名。"树德广才"的办学思想是对"树德"二字的最好诠释，即"成才要成人，树人先树德，树德以广才"，充分体现了"树德"和"广才"的相辅相成。同时，有感于孙震先生这段崇文兴教的故事，刘小葵先生与好友守藩共同撰写了一篇《树德小学赋》，对树德小学的前世今生做出完整的概括：

> 天府沃野，华阳故国，自古多硕儒贤相；西岭雪峰，东山树影，从来照虎符龙光。中原酣战之年，几多黎庶成饿殍；锦水浣纱之季，一小书声透晴窗。树德为祠，祖荫无非一族；树德为庠，教化足达四乡。一而二，多宝寺继赖家店；三及四，簸箕街到树德巷。义务办学，武人与文士竞怀；孩提精进，西蜀并齐鲁同光。文翁当有灵，论孟屐痕印闾巷，武训应无憾，田畴弦歌充行囊。
>
> 新城东，沧桑巨变；新跨越，脚步铿锵。吾侪多福，教育大纛舞炎夏；兹土有幸，树德小学续辉煌。八十一载风物，情牵耄耋学子；四千余坪校园，再闻芝兰芬芳。树即梧桐，引得来仪鸾凤；德则机杼，炫出锦纷文章。书卷乾坤大，仁德日月长。积跬步而致千里，累丝缕以成匹丈。出潭蛟龙，更喜沧海浩瀚；试翼鹰隼，何惧云天苍茫。赞曰：
>
> 薪火相传，化民兴邦；
>
> 树德广才，余音绕梁。

2010年至2018年，时间整整过去了八年。2015年，孙家祠堂开始进行修复工作，现今也已经快要修复完成。为了能够尽量恢复建筑的原貌，执行方的工作人员从外地收购与祠堂年代相近的墙砖、木头、小青瓦等建筑材料，在修复过程中，更是尽量注重细节。修复工程量巨大。已经修复完成的院落中，工作人员种上了花草植被，与古老斑驳的墙体交相辉映。七月的阳光照进院落，曲径通幽，仿佛让人置身于民国时期。

新建的树德小学在距孙家祠堂大概三公里处，依然属于成华客家人的聚居区，只是现在学校里的孩子们，来自更多地方。

中原遗风

　　客家人作为中国汉民族一个古老的分支，保留了许多传统的习俗。从五花八门的信仰中，不仅可以看到他们对生活的期待，也可以从侧面看到中国宗教的发展历程。婚丧嫁娶，作为人类社会的重大仪式，也在他们的习俗中得以保留。

信仰之汇：客家人的神祇

盘点整个成华区的寺庙，其中寺院有十余座，大大小小的庙宇有近二十座。这些寺庙曾经都是当地的标志性建筑，周边许多街道、地名、村落等，因它们而命名，如龙潭寺的火神庙街、青龙场的昭觉横街、保和的多宝寺路、宝瓶寺的宝瓶村、回龙寺的回龙村等。然而，中国人常常将寺、庙混用，但两者的差别却显而易见：寺院是供奉佛像，是僧人修行的场所；[①]祠庙是神灵的居所，是民间信仰使然。

寺院

成华区的客家人，主要居住在龙潭寺、青龙场、保和、圣灯这一地带，寺院分布在场镇或者乡下。龙潭寺曾经是寺院最多的一个地方：龙潭寺、向龙寺、院山寺、威灵寺等四座寺院，并称为龙潭寺四大寺院。

每个月的农历初一和十五，是客家人去龙潭寺烧香礼佛的日子，农历二月十九、六月十九、九月十九，以及逢年过节等，也都一样。住在周边的客家人习惯选一个代表出来，以一个家庭为单位，将钱交于代表人处，由这人统一购买香火，一起进寺院朝拜。少则几十家，多则上百家。

---

① 萧易：《影子之城——梁思成与 1939 / 1941 年的广汉》，广西师范大学出版社，2018 年。

▲ 清晨七点，客家人开始在寺庙里礼佛。　朱玉霞摄

▲ 客家人在筹钱。这些钱除了购买香蜡钱纸，剩下的全部捐入功德箱。　朱玉霞摄

相传在三国时期，因天气炎热，刘禅巡视东山丘陵，在一处清水塘里面沐浴，待他登基以后，当地人称这个水池为"龙潭"，而在右侧修建的寺庙，也因此得名为"龙潭寺"，主要供奉佛像。明末清初，客家人迁徙至此。因寺院内香火旺盛，寺外逐渐兴起许多店铺，为香客们提供祈福用品和食宿等服务，久而久之，饭馆、酒馆、茶馆、粮店、布店、杂货店等店铺越来越多，逐渐形成集市，即隆兴场。

始建于明代的向龙寺，距离龙潭寺约一公里处，因其主建筑正对着龙潭，故取名"向龙寺"。刘禹锡曾在《陋室铭》中写道："山不在高，有仙则名，水不在深，有龙则灵"，向龙寺存在的意义正对应了其诗中所言。

院山寺始建于清代，主要供奉东狱神。东狱神，主要是指东岳大帝，总管阴司地府的地藏王菩萨、十殿阎罗等。相传院山寺香火最旺盛的时候，里面有近百名和尚，寺院建筑也相当宏伟壮观。在寺院前面，有一口八角水井，专供和尚们饮用。每年三月的时候，这里会举办花会，热闹非凡。20世纪50年代，政府将寺庙改为农业中学，后来又改为敬老院，如今寺院已不复存在。

威灵寺建于清光绪年间，主要供奉关帝。三国时期，关羽为刘备的麾下大将，建安二十四年（219）败走麦城，被东吴的吕蒙所杀。在历史的发展中，随着朝廷对武将越来越重视，也引发了民间对关羽的崇拜，关圣庙、关帝庙、老爷庙等，在民间如雨后春笋般兴起，并拥有庞大的信众群体。这座庙宇，后来因为被传关帝显灵，更名为威灵寺。

圣灯寺，位于今成都市建设路小学，据《华阳县志》记载，该寺院修建于明万历二十年（1592），刚开始主要供奉观音菩萨，取名观音寺，后来因为战火而毁灭。清朝康熙年间，人们在原来的位置将其重新修建，改名为圣灯寺。谢惠祥先生说他知道圣灯寺已经是20世纪70年代了。寺庙的后面是成都市东城区建设路小学，旁边是成都市东城区粮食供应站。他于1978年3月1日转入圣灯中学读书，班上的同学一部分是来自建设路小学初中二年级的带帽初中生。1978年12月，其考入成都市农业学校后转户籍，先是在成都市金牛区原圣灯公社踏水大队开的证明，然后又到圣灯寺粮站办理粮食关系证明交到学校。再到后来，成华区建设路小学在圣灯寺的遗址上重新修建。

法华寺位于原来的新鸿村二组，当时寺院修建有大殿、偏殿、厢房等十余间，据说寺中有一口很大的铜钟，钟上刻有精致的篆文，钟下可以容纳八个席地而坐的人。1958年，这口铜钟随着大炼钢铁的浓烟，一起消失在了历史的潮流之中。

位于青龙场的昭觉寺，素有"川西第一禅林"之称，汉朝时期为眉州司马董常的私宅，唐贞观年间被改为佛寺，取名建元寺，后唐宣宗又为其赐名"昭觉"，这一名字一直沿用至今。明崇祯十七年（1644），寺院在战火中毁灭。清康熙二年（1663），该寺院受到清朝政府的重视，得以重新修建，寺院重新修建后，规模宏大，慕名而来的香客络绎不绝。青龙场属于成都北面最靠近城市的一个地方，也是客家人迁徙至成都后的一个主要落脚地。由于寺院香火旺盛，许多商人在寺院门口经商，饭店、酒馆、杂货铺、蔬菜摊等逐渐兴起，青龙场因此渐渐发展成为一个客家人聚居的场镇。

以上这些寺院，都在客家人人口较为集中的场镇，是众多信众前去朝拜的必选之地。除此以外，一些村子也有属于自己的祈福寺院，如距离龙潭寺1.5公里的宝瓶寺。该寺内主要供奉观音神像。观世音菩萨作为佛教中慈悲和智慧的象征，有三十二应身，分别度不同根性的人。其有三个生辰，即农历二月十九、六月十九和九月十九。每年这些日子，宝瓶寺都很热闹。善男信女从四面八方赶来祈福，求子的、祈求消除灾难的等络绎不绝。这个寺院在1963年被毁。类似这样的寺庙，还有青龙场的回龙寺等。

庙宇

在成华区域，庙宇比寺院更接地气，来自五湖四海、各个朝代的众神遍布街头小巷，和而不同。太上老君、八仙、川主、火神、东岳大帝、城隍、地母等，应有尽有。这些受到崇拜的神仙，能够在成华区这样的地方共居，与"湖广填四川"的背景脱不了干系。

"湖广填四川"以后，四川各地的城市、场镇纷纷兴起了许多会馆，这些会馆主要供迁徙而来的商人或者同乡等聚会、商谈以及联络感情使用。修建会馆，需要得到商人及其他有钱人的支持，所以，会馆从另一个方面来说，也是财富的一种象征。而对于那些没有经济实力修建会馆的区域来说，在居住的地方修建一座庙宇供奉家乡的神祇，是可以做到的。

在持续了一年多的采访当中，我发现整个成华区的会馆并不太多，但庙宇却遍布各地。明朝时期的龙潭寺曾为"东山五场"的第一大场，当年的街道主要围绕龙潭寺的寺院发展，其中火神庙、大庙、川主庙等，就属于当地的典型庙宇。

　　火神庙位于龙潭寺中街，主要供奉火德真君。在古时人们的世界观中，"火德"是指令万物重生。相传在远古时期，燧人氏钻木取火，给人类带来了光明，人类食物从生食阶段进入了熟食阶段。为了纪念燧人氏，人们尊称其为"火神"，并在夏季里祭祀他。先秦时期，祭祀火神就已经成为国家祭典中的一项，《礼记·祭法》中提及周代设立的七种祭祀，即司令、中霤、国门、国行、泰厉、户、灶。在祭"灶"时，火神就在其中。在祭祀的发展历程中，火神除了祭祀燧人氏，也祭祀祝融、回禄等。相传祝融是颛顼的孙子赤帝，他教会老百姓用火；而回禄则与火灾联系在一起。除以上三个火神之外，还有一些小的火神，也被人们推上神坛祭拜，比如五帝之一帝喾的长子阏伯就专管火种，被人们称呼为"火正"。

　　龙潭寺的火神庙里有一个有趣的现象，人们除了供奉火神，也供奉观音娘娘。这些神仙在同一座庙宇里和谐共处，老百姓时常前来烧香拜佛，求神免灾，求子多福等。20世纪50年代以后，火神庙开始走向衰落，直至今日，庙宇已经不复存在了，唯有那条火神庙街，每日都是车水马龙、人来人往。

　　龙潭寺的大庙，以前位于龙潭寺的寺院旁边，明朝末年，这座大庙毁坏于战火，清朝乾隆年间，又被当地人维修，内供奉城隍爷。在古人的造神观念中，城和隍都是一座城市的保护神，后来道教把它纳入自己的神系，称其不仅可以除凶惩恶、保国护邦，还主管阴间亡魂。城隍庙在明朝以前，就已经在民间普遍存在，而到了朱元璋时期则更受重视。他曾说："朕立城隍神，使人知畏，人有所畏，则不敢妄为。"

明洪武二年（1369），朱元璋下诏书加封城隍，严格规定城隍的等级，分为都、府、州、县四级。于是，全国各地大力修建城隍庙，城隍庙一时之间走向辉煌。原本只有在城市里才有的城隍庙，在龙潭寺也得到了修建。清康熙元年（1662），这座大庙已经有土地两百余亩，以地租维持庙宇的主要开支。

每年农历七月初十至十三，是龙潭寺街上举行城隍会的日子，相传这几天城隍爷要出驾。七月初十这天，老百姓将大庙里的城隍爷抬到旁边的火神庙进行祭祀，三天后又抬到青龙场那边的回龙寺，最后返回大庙中。在保和地区，也有一座城隍庙，每年的农历七月初七，当地百姓就开始搞城隍会。人们将城隍爷从庙里抬出，到大街小巷进行巡游，一些人扮成牛头马面或各种鬼怪，在大街上招摇过市，围观者兴高采烈、挤满街道。

川主庙，位于龙潭寺的宝瓶村里，主要供奉川主菩萨、龙王菩萨、观世音菩萨三位神仙。川主，即先秦时期在都江堰治水的李冰。秦惠王九年（前316），秦灭巴蜀，蜀地水患肆虐，百姓苦不堪言。秦惠文王命李冰为蜀郡守，治理水患。李冰带领百姓在玉垒山开凿引水，又修建鱼嘴分水堤、飞沙堰等，与宝瓶口一起各司其职，相互配合，水患得到有效治理。成都平原从此脱离水患，良田万顷，沃野千里，成为"天府之国"。李冰的故事在民间流传，逐渐被赋予神话的色彩，走上神坛。据统计，清代的川主庙、川王宫已经有一百七十二座，几乎遍布四川。[1]每年春节、端午节、中秋节等重要节日，龙潭

---

① 罗开玉：《中国科学神话、宗教的协和——以李冰为中心》，巴蜀书社，1990年。

寺的当地人都要前往寺庙朝拜，干旱的时候祈求降雨，灾难的时候祈求消灾，喜庆的节日里，场镇上还要组织唱戏供老百姓热闹一番。

保和境内的三官庙，是一座供奉天地水三官的道教庙宇。《道德经》有云："人法地，地法天，天法道，道法自然。"而水为地所包，故最终亦法道。东汉年间，张道陵在蜀中创立"五斗米道"，设立"二十四治"，即二十四个传教点，道民的祈祷对象即是天地水三官。①三官也被称为三元，其中上元一品九气天官为赐福紫微大帝，中元二品七气地官为赦罪清虚大帝，下元三品五气水官为解厄洞阴大帝。虽然三官在道教中的品级并不算高，但由于他们都掌管着赐福、赦罪、消灾，所以深受老百姓敬畏。

每年的农历正月十五、七月十五、十月十五，老百姓都要前来祈福。每年的农历二月二十一至二十四，老百姓们还要在这三官庙坝子里举行农会。那些生意人，早在农历二月十八的时候就前来布置商铺了。他们在农会上主要卖些农用品和土特产，如锄头、镰刀、百货、农产品等，也在农会上进行一些交流。确切地说，这是一个大型的物资交易会。许多外地的商人，在农会上看到了各种商机并尝到了甜头，总是不远万里前来赶会。农会期间，这里还要举行一些民俗游艺活动，民间的文艺表演、川剧等，都特别热闹。

在整个成华区域，除以上的这些庙宇，还有老君庙、八仙庙、灵观庙、五显庙、东岳庙、新山庙、地母庙等，这些庙宇都位于客家聚居区，一些是由客家人从家乡请来的神祇，一些则是整个中国普罗大

---

① 萧易：《影子之城——梁思成与1939／1941年的广汉》，广西师范大学出版社，2018年。

众所供奉的神祇，可不管是哪一路的神仙，只要能够保佑自己和家人的，都是与自己有缘的神祇。"湖广填四川"后，成华区域的主要居民以客家人为主，由于这片区域属于离城市最近的客家聚居区，深受湖广等文化的影响，热情好客的客家人敞开心扉，张开怀抱，接纳、吸收其他文化的精髓，他们包容并蓄的精神，造就了成华客家宗教信仰的开放性与多元性。

婚嫁礼仪：传统婚礼讲究多

旧时，客家人的婚姻大事大多都由父母做主，讲究媒妁之言，虽说现在都已主张婚姻自由、恋爱自由，但在他们的婚礼上，都还保留着许多以前的婚俗。客家人的喜事以"礼"为主，每个环节都讲求吉利，喜结良缘。

说媒定亲

客家人的结婚礼仪从说亲开始，与现在的相亲类似。

客家人说亲，又叫说媒，由专业的媒人在中间牵线搭桥，这种媒人对十里八乡俊男俏女的年龄、相貌、家庭状况等，都摸得滚瓜烂熟，一旦哪家姑娘或者男子到了适婚年龄，就成了媒人的说亲对象。除专业的媒人，也有长辈帮着说亲的。在媒人的撮合下，只要双方的父母同意，就可定好日子相亲。

居住在成华区原圣灯乡八里庄村的谢惠祥先生是地地道道的客家人，对客家的婚礼习俗有一定的了解。他介绍说，相亲仪式一般是在女方家进行，双方约好时间后，媒人带着男方的人前去相亲。若媒人是女性，则带男方的母亲或者嫂嫂等女性同去；若媒人是男性，则带相亲男子与父亲一同前去。媒人的性别使得相亲的细节有所不同。

女媒人带着男方的家人至女方家后，女方父母或者长辈将她们迎进屋内，上茶待客。牵线搭桥的媒人，会向双方介绍男女方的人品、性格、家庭情况等，介绍完毕后，女方的母亲会邀请姑娘出来与男方家人会面，男方的母亲、嫂嫂等人仔细端详姑娘的模样、身材、行为举止等。待姑娘离开，男方的母亲、嫂嫂等人会与媒人小声商量，若觉得可行，媒人就直接转告女方父母，女方也会就此留男方家人吃午饭，还会收到男方托媒人送的"红包"或其他礼物；若男方觉得不符合心中的标准，则会礼貌地找理由离开。上门相亲的媒人如果是男性，相亲的男子与姑娘就有机会先见上一面，这种情形对于年轻人来说会显得更加直接。若男方觉得可行，则会受女方家邀请留下吃午饭；若对姑娘不倾心，则会礼貌地离开。

男女双方若都同意，相亲圆满完成，媒人就会继续应男方家所托，到女方家讨取姑娘的生辰八字，然后请算命先生合八字。合八字时算命先生会将双方的出生日期及时辰进行对照匹配，若八字相合，这场亲事也就算是基本定了下来；若双方八字不合，则会商量退亲。旧时，女方是不能主动退亲的，都由男方来做决定，退亲后双方要对这一亲事保密，便于女方以后继续和别人说亲。

婚事定下后，男方要择选一个吉日请女方的父母吃"转口酒"。客家人的"转口酒"与现今婚礼仪式上的"改口茶"意思相近，但形式却各有不同。客家人请女方吃"转口酒"是单独的一次宴请。在媒人的指导下，吃了这顿饭，喝了这场酒，男方要随着女方称岳父、岳母为"阿爸、阿娘"，男女双方的父母，也要改口叫"亲家"了。经济条件好的人家会选择在逢场天的饭馆举行，行事低调的人家，就邀请女方到自己家中吃这酒。

　　合八字和吃"转口酒"过后，这门亲事就算最终定了下来，女方家的姑娘也正式成为男方家的人。自此以后，女方不得再私下另说婆家，若在婚礼举行前男方因故去世，女方也不能随便改嫁，需要与男方家好生商量，且需以男方家"干女儿"的身份出嫁，以后是否还要联系，由女方来定。

　　亲事定下以后，男方家要请算命先生推算一个黄道吉日去女方家接亲，并且将拜堂的良辰吉时也一并算好。待这事定下，男方会以文帖的形式给女方递送过去。文帖的写法极为正式与讲究，其封面上会写"星期"二字，我国古代的历法将二十八宿按"日、月、火、水、木、金、土"次序排列，七日为一周，周而复始，称为"七曜"。女方在收到文帖以后，如果觉得时间无异议，则给男方家回帖子一封。但若女方家因为其他原因，如准备嫁妆的时间赶不及，或者家里原有的丧期未过时，则会在"星期"里面写上"罔敢延期"，并同时写道"得书知之，不遵此命，敬请另选吉期"。男方在收到回帖后，会再请算命先生重新择选日子，以同样的方式递送至女方家，直到女方家最终无异议为止。

　　客家人的传统婚礼每一个步骤都有它的独特性，并不是每个地方、每户人家的婚礼细节都完全一样，但在客家人的传统婚礼中，一定要做得足够妥帖，才算是完成了人生中的婚姻大事。

结婚礼仪

　　在结婚拜堂前一天，新郎新娘除了在各自家里准备自己的事情，还有许多仪式要做，媒人也会忙得不可开交。因为他必须要在婚礼前一天，代表男方去女方家过礼。过礼，即是将男方家准备的招待女方家客人的食物等送至女方家，这个仪式客家人称为"品红"。"品红"里包含有红鸡蛋、红花生、喜糖、猪肉、挂面等。每个种类，都以"九"为基数，根据女方家客人的多少确定数量和单位。在中国传统文化中，"九"谐音为酒，也寓意着长长久久之意。一般从"一九到九九"不等，比如九个鸡蛋，九斤花生，九斤酒，九斤猪肉等。如果女方家客人较多，男方会根据具体的情况，在"品红"的基数上调整单位，增加基数的倍数，直到女方家够用；如果"品红"不够女方家使用，女方也会提前准备一些备用，男女双方开开心心、互相体谅、相互尊重。

送"品红"当天，男方会将所有物品分别用箩筐装好，经济条件较好的人家，会用专门的盒子将物品装好，安排体力较好的人挑抬，送至女方家。在这个环节中，媒人必须亲自到场，并负责整个送礼的过程。

媒人带着送"品红"的队伍从男方家出发，一路走去，风风火火，快要到女方家时，就命大家停下来稍事休息，将队伍整理一番，媒人走在最前面引路，装有新郎庚帖和祖先牌位的箩筐紧跟其后，再后面的才是酒、肉、花生等食用的东西。

男女双方都会提前约定好送"品红"的时间，在约定的时间内，女方会提前派人到山垭口或者村前打望，远远见送"品红"的队伍来时，就赶紧回去告诉女方家人，并准备好鞭炮，迎接他们的到来。

放过鞭炮，女方家会派遣一位仪表大方的男子将过礼队伍邀请进院内开始过礼。过礼后，媒人也会派遣男方的代表给新娘、新娘的父母、阿公阿婆等至亲发送红包，前来帮忙的厨子们也都有份。待过礼结束，女方邀请队伍进入堂屋内喝茶休息。

在过礼时，男方家要单独做一只扁尖鸡一并送至女方家。过礼结束以后，女方家将鸡的头部、尾部、鸡翅膀及鸡脚割下来，让过礼的人带回男方家，以示有头有尾。

休息的时间内，女方会将男方送来的庚帖和临时用纸做成的祖先牌位放置堂屋内，点上香火用以供奉。此时，女方家开始收拾和清点新娘的嫁妆，如铺笼罩被、水壶、杯子等，待这些东西准备结束，送礼的人也差不多休息好了，然后又跟着起程，将新娘的嫁妆带回男方家里。这支队伍这天极为辛苦，抬着东西在路上来回奔波，对于这样的喜事，他们总是乐此不疲。

当所有嫁妆都送出门后，新娘就要开始"哭嫁"了。旧时，嫁人既是一场令人兴奋的事，也是一场让新娘伤心的事。面对即将出嫁的现实，一些新娘会怪狠心的父母将自己嫁给了一个完全不认识的男人，不知道嫁过去后自己的命

▲ 哭嫁　余茂智摄

运会是怎样的，同时也会舍不得自己的父母、兄弟姐妹等家人。一些新娘越哭越伤心，似乎要将所有的委屈与忐忑都一一道来，差不多会哭一个小时，长辈们也很难劝说；但也有一些新娘比较宽心，"哭嫁"也就成了一种形式，在长辈们劝说以后就慢慢结束了。客家人的哭嫁歌中，不仅有心中的不舍和忐忑，也有对未来生活的向往。在封建社会没有被裹过小脚的她们，大多是勤劳、大方、能干、持家的，对于大多数男子来说，能够娶到客家姑娘，自添几分福气。

在传统的客家婚礼里，女方家的客人一般是在新娘拜堂成亲的前一天前来祝贺，许多客人会赶在过礼队伍到来前就到达女方家，都想来凑凑热闹，看看送礼的队伍。傍晚时留在女方家吃晚饭，第二天一早又来吃早饭送亲。所有客人送的礼，均由专人用红纸写下来，然后贴于女方家墙上进行告知，女方会根据这些送礼的清单进行回礼，待以后别人家有事需要赶礼时，也一一送礼，重视礼尚往来。

晚饭结束后，新娘要在自己的房间和堂屋里进行"告祖"仪式。堂屋内，新娘的长辈将男方祖先的临时牌位摆在神龛上，点好香火。新娘的阿公或者父亲用特定的语言将男女双方的祖先都"请"到这里，并告知女方的祖先，自家的姑娘要嫁至谁家，将对方的姓氏、家境、家庭人员情况等一一告知，让祖先知晓。"告祖"仪式结束后，新娘还要接受长辈们的"训示"，她的阿公阿婆、父亲母亲、姑父姑母、外公外婆、舅父舅母、姨父姨母等，分别告诫她嫁出去后，要勤俭持家、尊老爱幼、孝敬父母等。待所有人"训示"完毕，出嫁前一天的仪式也就全部结束了。

这天男方的家里，也要举行各种仪式。在客家人的婚礼中，有赠送对联的习俗，在给新郎"上红"以前，主人家会将所有亲朋好友赠送的吉祥对联按照辈分排列顺序，逐一挂在堂屋内，且辈分顺序不能出任何差错，不然会被别人耻笑和指责不懂规矩。晚饭过后，这些对联已经基本挂好，接着开始"上红"。

首先进行"告祖"仪式，新郎的阿公或者父亲在家里点上香火，告诉祖先家里的某位后人即将娶某家的姑娘为妻，愿祖先保佑两人永结同心，人丁兴旺，香火不断，光宗耀祖。"告祖"结束以后，人们在神龛前铺一张新的凉席，新郎穿着新服、新鞋，戴着新帽站上席子给祖宗作揖。行礼以后开始"上红"仪式，证婚人拿着两朵金花，分别插在新郎帽子两边，一边插着一遍唱念道：

　　一朵金花，角角叉叉，生子又生丫；两朵金花，角角叉叉，新郎新娘婚后，多子多孙一把拉。①

唱念结束，证婚人将两条红色的带子斜挎交叉捆在新郎的肩膀上，继续唱念道：

　　一条红带红又红，新郎新娘披彩虹，子子孙孙多又多，家庭兴隆幸福多。②

"上红"仪式结束后，新郎跪在自己的父母面前聆听教诲，父母

---

①② 谢惠祥：《十陵纪事》，四川大学出版社，2011年。

教育儿子与新娘要相亲相爱，努力奋进，多生子女，光耀家族等。亲朋好友也都围过来看热闹，见证这场仪式。待所有仪式结束，大家就在欢庆的夜晚中兴奋地等待第二天的迎亲。

第二天一早，男方家便委托媒人抬着花轿以及送亲的轿子、滑竿前去女方家迎亲。客家人的花轿为木制的，雕工精湛，美轮美奂。上面不仅雕刻有人物花鸟，还涂有精美的色彩，婚礼花轿的雕刻以人物为主，客家人说这样寓意着新娘以后会生许多的小孩。

到了女方家后，迎亲队伍中的一人举着油布伞"浪伞"开道，乐队吹吹打打，激情飞扬，十分热闹。抬轿子的匠人们高声说唱道：

> 送亲轿，两人抬，你家主人请出来！哪个舅子当客郎，递上封封我们抬。

此时，新娘家被安排送亲的男子赶紧将红包递上。匠人们继续唱道：

> 花花轿，四人抬，今日新娘快出来。哪个女子当新娘，送上封封我们抬。送亲轿子走忙忙，眼看走拢要拜堂。送亲酒罢哥嫂回，妹儿就要入洞房。

新娘或新娘的代表人也赶紧将红包递上。

吉时一到，新娘穿着大红色旗袍和绣花鞋，头顶着红盖头哭泣着坐上花轿。花轿里面，给新娘准备了一个新的烘笼（客家人冬天用来烤火的竹篾器皿，内有土陶罐用以装火炭）。哥哥嫂嫂或者其他至亲一男一女前去送亲，女人坐后轿，男人则坐滑竿。

一路之上，唢呐、花鼓等吹吹打打，十分热闹，经过村庄时，大人小孩都围到路边来看热闹。前面的轿夫子不断报路，后面的轿夫子则跟着回答，很远的地方都能听到他们的歌声：

> 天上明晃晃，地下水凼凼；人走桥上过，水往东海流。大路一根线，跑马又射箭；斜路一片坡，踩稳才不梭。平躺大路，甩开大步。稀泥巴，看到踩；两边空，走当中；万丈深，慢慢跟；水花路，踩干路；有门槛，莫要管……

眼见迎亲队伍归来，男方家将早已准备好的鞭炮点燃，轿夫子们抬着花轿不放新娘下来，乐手们使劲奏乐，领队人前去向主人家道喜：

> 花花轿子四人抬，抬个新人主家来。新娘本是一朵花，年龄只有十七八。一双眼睛圆又大，披披毛儿额头搭。两个酒窝脸蛋挂，配个樱桃小嘴巴。一进门来二进厅，看到主家财门新。

领队人的诙谐幽默逗得大家哈哈大笑，气氛越是活跃，主人也就越是乐呵得合不拢嘴，一边乐着，一边给迎亲队伍递送红包。为了让气氛持续得久一点，迎亲队伍总找各种理由让主人家继续给红包，持续好几次才肯罢休。大家尽兴后，轿夫子们才将花轿放下来。

▲ 客家新娘的花轿　余茂智摄

▲ 客家婚礼中的迎亲队　余茂智摄

　　此时，一位多子女的妇女抱着一个小男孩揭开花轿的帘子，新娘
递给小男孩一个红包；另一位多子女的女人前去挽着新娘下轿，跨过
装有铜镜、草木灰、柏树枝等辟邪的筛子。司仪提着嗓子唱道：

　　　　东边一朵紫云开，西边一朵紫云来。两朵紫云同相会，迎接
　　新人下轿来。

　　待他唱完，新娘继续被妇女牵着缓缓走进堂屋内。

▲ 客家婚俗——新娘子进门前的掩煞气仪式　朱玉霞摄

此时的堂屋早已经布置完毕，神龛上烛火辉煌，地面上早已铺好新席，只待两位新人的到来。拜堂仪式即将开始，整个堂屋里面围满了人，司仪一边进屋一边喊话：

> 日吉时良，某家举行接亲拜堂典礼，有事者快快去忙，无事者请站两旁。

众人赶紧把堂屋中间的路给让了出来。新娘进屋以后，站在神桌下的席子左边。这日新郎的穿着与"上红"后的装扮一模一样，头戴官帽、插两朵金花，披红在肩膀上斜挎着，十分耀眼。在司仪的主持下，新郎在众人的观礼中，手拿折扇，轻轻敲打三下新娘的红罗帕，然后用扇子将其挑开，并将红罗帕藏于袖中或者怀里。新郎揭开新娘盖头后，二人紧跟着拜堂：

> 一拜天地，二拜祖宗，三拜高堂，夫妻对拜。

拜堂结束后，新娘新郎在众人的拥簇之下，被送入洞房，司仪也跟着进去，仪式继续进行：

> 新郎新娘，同入洞房，红光满房，喜气洋洋，鸳鸯成对，鸾凤成双，并蒂连理，子多花香。

随后，整个仪式圆满结束。在整个仪式期间，女方家的送亲人是一直没有下轿的，此时，男方家会安排一位已婚的妇女拿着一个"红照"（红纸封）走到送亲来的轿子旁边，掀开轿帘子，在送亲人的眼前一照，将送亲的女人迎下轿子来，并请到婚房陪着新娘。同时，一位已婚的男人也拿着一个"红照"，往滑竿上的男子面前一照，请他一同前去堂屋就座喝茶。

酒足饭饱，女方家的送亲人就要准备起程回去了，坐轿子和滑竿来的，也坐轿子和滑竿回。临走时，主人家会赠给每人一只碗。

午饭过后，男方家安顿好来的客人，就要开始准备新郎新娘的"拜枕"仪式。新娘从婚房里移步到堂屋中，男方家再次将香烛点燃，铺上新席。新郎新娘跪于席上，请阿公阿婆、家公家婆、父亲母亲、叔公叔婆等教导，然后再请舅父舅母、伯父伯母、姨父姨母等教导。这些人会分别对新郎新娘进行教导，叮嘱他们要夫妻和谐、相互包容等，每一位长辈教导结束，新娘就赠送给他们一对刺绣枕头，有多少人，就要提前准备多少对。每位长辈也会回赠一个红包。新娘还要单独准备一床新的被套和枕头，给男方的父母使用。绣花枕头绣制考的是姑娘的手艺。

在客家人的传统婚礼里，除了拜堂成亲，要属闹洞房最为热闹。他们的习俗里，闹洞房就是一种"拼床"的仪式。以前的床都是木制的，木匠提前将床的构件准备好，然后在婚礼的当天晚上进行拼接。木匠每敲一个钉子，就要说一句吉利的话语，直到床拼接好为止。紧随其后的是铺谷草、棉絮、整理铺盖套子、放枕头、挂蚊帐等，都会有专人男女相互搭配着说唱出幽默诙谐的吉词，逗得大家哈哈大笑：

　　一床席子宽又宽，恭喜新娘生儿当大官。一张床来红彤彤，新娘嫁个好老公。夏天给你扇扇子，冬天给你提烘笼！

　　新郎新娘在这夜，是必定要被大伙儿哄闹取笑的，新郎的父母亲也逃不过大家的捉弄，人们会趁他们不注意时，将锅烟灰、清油、墨水等涂抹到他们脸上。为了躲避众人的捉弄，新郎父母会不停地闪躲，和大家一起疯狂地斗智斗勇。在大家看来，不管客人们这夜如何相互捉弄，只要不是过于出格，都不会生气的。折腾到深夜，新郎新娘待到客人都离去，才能安心地睡上一觉。第二天一早，新娘便要露厨艺。

　　新婚后的第一天早晨，新娘会很早起来挑水煮饭给家人和客人吃。为了难为新娘，大家会提前进入厨房，给新娘出一些难题，如将厨具藏起来、将火夹藏起来等，让新娘独自想办法解决这些难题。新娘厨艺的好坏，从这顿早饭中可以见分晓。如果早饭做得好吃，众人会赞不绝口；若早饭味道不好，则会被人们象征性地"教导"或者说闲话，但都是一些鼓励的话语，希望她以后再接再厉。

　　新婚后的第三天，新娘娘家的母亲或者父亲，会带着一位多子多女的妇人和小孩前来"拉三朝"，客家人也称之为"扛露水"。同时还会带上甘蔗、韭菜或包子等：甘蔗象征甜蜜、韭菜和包子则象征发财，都具有美好的寓意。但这些东西送来时，大家都不会说穿，就像一个歇后语。一些客家人也会在这天午后，将新娘带回娘家，叫作"回门"，吃完晚饭后再回到男方家中。

以前，新娘回娘家都是有规矩的，她会在新婚满月之后的第一天带着丈夫回娘家；新婚后的第二个月或者第六个月，也需要回去，因为按照日子来算，这时的新娘差不多已经有了身孕，新娘的母亲会为她准备一些小孩子穿的衣服、用的被子等一同带回。在小孩出生以后，娘家还会再送鸡蛋、鸡肉等温补食品过去。

20世纪50年代以前，客家女人在结婚后就跟随夫君同姓，将自己的姓氏放在夫君姓氏的后面，如"张李氏"，作为对外的称呼。而她们真实的名字便逐渐被人们遗忘。

就餐礼仪规矩多

在婚礼当天的上午，主人家的客人越聚越多，临近开饭时，主人家招呼客人们找位置入座。在客家人的酒席中，就餐桌子的摆放与位置有许多讲究。在他们看来，这些细节若做不到位，会被别人嘲笑不懂规矩或者不够礼貌。

以前，客家人的婚礼基本都在家里举办，他们吃饭的桌子，大多由木头拼接制作而成，每张桌面都有拼接缝隙。人们摆放桌子时，桌子的缝隙需要与房梁的方向平行；若主人家是个四合院，桌子的摆放需以天井为中心，面向天井为上方，背朝天井为下方；若主人家不是四合院，则要以堂屋为参照物，背向堂屋为上八位、面向堂屋为下八位；左右两边，均属中间位置，居于上下之间。

客家人以礼为先，尊敬长辈是每位晚辈必须要做到的事情。在就座吃饭时，要请长辈坐上方，排位顺序以年长辈高者为先。有时共在一张桌子吃饭，难免会碰见年长辈低者，此时年轻辈高的人会主动让老人先座，然后自己找一次之的位置就座，其他辈分较低的人，选择坐在左右两侧，小孩或者辈分最小的，就坐下八位。这样的礼仪，不仅是在公众场合需要注意，在自家吃饭时也是一样。

婚宴时，主人家的堂屋里也会摆放桌子，摆放的数量根据堂屋的大小来确定，从一张到六张不等。靠近神龛的两张桌子十分重要，大都安排女方的送亲人和贵客就座，所上的菜，也会比其他桌要多三碗，最后一道菜上完时，送亲的人会给上菜人一个红包，以表示对上菜人和厨师的感谢。在客家喜宴里，这是一个必不可少的礼节。

待厨师开始上菜、客人陆续入座后，主人家在家门口放一串鞭炮，告知酒席时间已到，可以开吃。客家人将这样的宴席称为"九斗碗"，或者"吃九碗"。如果在路上遇见了熟人，相互打招呼时，也会情不自禁地说道："我去某某家吃九碗儿！"

客家人的九斗碗十分丰盛，蒸、煮、炸、烧、炒等做法样样俱全。以前经济稍欠发达时，他们的酒席上少有牛肉、羊肉等肉类，猪肉、鸡肉、鸭肉较为常见。经济条件较差的家庭，一桌两斤半猪肉、四分之一只鸡或者鸭子，属于标配；家境好一点的，可以配置四斤半猪肉、半只鸡或者鸭子，有的还会加上五六个炒菜，构成一桌特别丰盛的宴席。随着社会进步、经济发展、物质的丰富，厨师精湛的厨艺和丰富的菜肴，使得现在的客家宴席变得越来越丰盛了。

客家人崇尚礼尚往来，这种行为在亲朋好友之间体现得较为明显。人们前来吃酒席时，一般都是以家庭为单位。部分人因为个人原因不能前来吃酒席时，主人家会托付其家人一定要给他们带一些食物回去。有些主人家还会给参加婚礼的每个人发一张草纸，便于他们包裹食物。如果主人家的长辈或者亲人没有前来，主人家会给他们准备一碗蒸菜托人带回去，以示尊敬。

新郎家的宴席一般设置在当天的中午和晚上。中午开饭时，主人会请司仪或者年长辈高的长辈在席间代表主人家讲话，感谢所有亲朋好友、邻居们前来参加婚礼，请大家吃好喝好，若有招呼不周处，请大家多多见谅。同时会告知晚饭的开饭时间，并请大家准时过来就餐。讲话结束后，新郎和父亲提着酒壶开始挨桌敬酒。20世纪50年代以前，敬酒都是新郎出席，新娘一直待在婚房里面，后来随着婚俗的不断演变，新娘也开始跟着出来敬酒，这种习俗延续至今。

主人家敬酒有一定的先后顺序，坐在堂屋里靠近神桌的客人是女方家的送亲人和重要的长辈及客人，主人家从送亲人开始敬酒，不仅表示对送亲人的感谢，也拉进了双方的关系——自这日起，双方就正式结为亲戚，以后就更应该以礼相待。第一桌酒敬完以后，主人家按照先里后外的顺序，依次敬堂屋里面的其他客人，再从阶沿上的客人敬到院子里的客人。

随着社会的发展和礼仪的减省，在现今的客家传统婚礼中，许多传统的环节已被去除，剩下部分仪式还在被后人传承。俗话说"十里不同风，百里不同俗"，以上所呈现和描写的习俗，也并非所有的客家区域完全一样，接下来要说到的丧葬习俗，也是同理。

葬礼习俗：浓缩在堪舆里的中原文化

周礼自形成之后就一直在华夏的历史中代代传承，而许多礼仪在周天子之前，就已经成为一种传统，如葬礼习俗。客家人因从中原不断迁徙而来，葬礼习俗随之延续与传承，且始终被他们重视。

客家人的丧葬礼俗

在成华区客家人邓永发的手上，收藏有一本《西郡邓氏宗谱》，谱中记载有清同治十三年（1874）一则亮爔所写的关于丧葬礼俗的内容，其中有记载："古语有言，千里江山一向间。"这句话提及风水里的二十四山向，如果将山向使错，则是大凶。这里的山向，是吉凶兴败，泥水能否正常流出的主要原因，倘若稍微有一点差错，出现误差，就算是吉祥之地，也会适得其反。

人们为父母选择安葬之地，不管家里有几个兄弟，都必须要请明师来算黄道吉日定下葬日。

亮爔在书中还告诫后人说，如果家中有学堪舆之术的，千万要慢慢寻访，谨慎处理，且要找好的明师进行指点，得到其中的妙法，才不至于误己又害人。

客家人的丧葬观念延续了中原汉族的观念，他们相信灵魂不死，讲究福、寿、孝、丧的礼仪，且很重视风水。古人认为，人活着是因为灵魂附体，而人的肉身死后，灵魂会脱离肉体单独存在，具有超人的力量，可以护佑后世子孙，所以把灵魂当作神秘的对象加以信奉。

比起其他礼俗，客家人的葬礼比任何一个礼俗都要显得庄重与严肃，客家人常说"死者为大"。这样的"大"，不仅体现于人们对死者的尊重中，更体现于葬礼的细节之中。

客家人并非只有在人过世后才开始准备过世后用的物品。许多人年过三十后，就开始选木材为自己制作棺材，称"寿木"或者"寿器"，表示添寿加福。除为自己准备外，也为家里的老人准备。棺材板拼合后，用桐油石灰膏将所有的缝隙填补好，内外用油漆和棉布一层层贴好，使其滴水不漏。棺材上的油漆分为黑色和红色两种，根据各地和各家的习俗上色，然后再在两头分别画上图案，大的一头写上"福"字，小的一头写上"寿"字，棺盖板上用红纸书写"福如东海""寿比南山"的字样，然后储存在家里空闲的位置。除去棺材，寿衣、寿鞋等，也会提前准备好。

在客家传统习俗里，人满六十虚岁后，因为老、病而终的人都算是寿终，人们称之为"喜寿""喜丧"或者"白喜事"。在老人快要过世时，孝男孝女会纷纷从各地赶回来见老人最后一面，聆听遗嘱，表示孝顺，不能见上老人最后一面者，都会深表遗憾。老人过世后，孝男孝女大哭一场，一边哭一边点燃升天炮（也称落气炮）来告慰天地，也告知左邻右舍和亲朋好友，同时焚烧三斤六两的"倒头纸"。相传人去世后，其灵魂会在阴曹地府与其他魂魄相聚，然后经过"三殿六司"，一殿一斤钱，一司一两钱，同时桌子上还要用土碗装上生米，插上香，点上蜡烛。在老人弥留之际，孝男孝女会为老人穿上寿衣，以前有"上六下四"一说，即上身穿六件衣服，下身穿四条裤子。

待以上事情处理完毕后，后人请阴阳先生看日期，根据亡人的生辰八字来选定何时安葬，同时还要为亡人选择安葬的地方，选地这件事情特别重要和严肃，需要根据墓葬的风水来确定各类细节。客家人认为，亡人的墓穴及风水会直接关系到能否保佑后人平安、顺利、福气、发达等，所以在地方确定后，阴阳先生还会根据亡人的生辰八字和孝子的生辰八字，确定墓穴的方位，最终确定何日何时进行安葬。这样的讲究，不仅是对亡者的尊重，也在心理上起到告慰的作用。待安葬的时间和地点全部确定完毕，孝子孝女则开始进行报丧。

报丧，是指丧家——向亲人、邻居、好友等告知死讯、丧期及何时安葬等信息。以前在通信不发达的时候，都是孝子挨家挨户前去报丧。如果亡人是女性，则需要第一时间通知娘家的舅父，然后依次报丧。报丧的时候，不能直接进入别人家里，需要将被告知的人请出屋外告知事情。被告知的人会给报丧人一个"红包"，方可邀请报丧人进入家中。而今，随着通信的发达，大多通过电话或者互联网的方式第一时间告知亲朋好友，但通知亲人的顺序依然如从前一样讲究。亲人收到报丧后纷纷从外地赶来吊唁，邻居也会抽时间前来帮忙。

据《十陵纪事》一书中的记载，客家老人过世后，后人除去报丧、准备伙食等事情，对老人遗体的处理仪式也很重视。客家人讲究寿终正寝，死者刚刚去世，就要给他穿上提前准备好的寿衣。寿衣根据男女分单双，即男双女单，最里面穿白色衣裤，其他的就随意穿，但忌讳穿红色和棉衣。据客家人的说法，穿红色后人会吐血，穿棉衣后人会得病。除此之外，亡人的寿衣也有讲究，一律不带扣子，有扣子的地方就用布带子对绾而不打结，裤子的腰带用白线代替，袜子用白布，鞋子用黑蓝色布，鞋底一律是白色，鞋底前后粘上七个用黑布剪成的圆布块作为鞋钉，意使亡人穿上后走路不滑到。同时，亡人的头上还要裹轻纱布作为帽子。

将亡人的寿衣穿好后，要用一块六尺长的白布，将其身体平放在上面，以便使其尸体僵硬后再平放于门板上，这个仪式叫作"倒单"。"倒单"用的白布叫作"兜尸布"，入棺后就叫作"明席布"。"倒单"时，亲人们要清点亡人的遗物，同时将死者去世时所睡的床倒立起来。若亡人为孝子孝女的父母，遗下的衣物都会被子女平分，叫作"衣食俸禄"，同时，如果老人是病逝的，还要将老人生前用的所有与药有关的物品全部甩出去，以示甩霉气。

"倒单"仪式结束后，需在棺材里先放入柏树枝、草纸铺平，然后铺上"明席布"，随后根据亡者的身高，每个关节都做一个圆形布块，铺垫于下面，再根据亡人的年龄，一岁一条，依次放上用白纱做成的"备线"。最后将亡人遗体放入棺材中，如果去世之人为男性，则放入棺材正中偏左，如果是女性，则放入正中偏右。亡人在入棺时，需要放置一些衣服进去，以便亡人在阴间可以换洗，同时也会放一些金银首饰等随葬品进去。亡人身上的外层一定是被盖，不管有多少床，最上面的一床一定是孝子为其特制的有芯棉被。在亡者的嘴里，一般也会放上"含口银"，手上拿着馒头，寓意到了阴间可以使用。最后在棺材下方垫放四块泥砖，出棺时孝子将砖往内翻，孝女往外翻，各求亡者护佑。

在以上所有仪式准备完毕后，做道场这一过程必不可少，以示对亡者的孝心。道场的时间可以分为一天一夜、两天两夜或者三天三夜，时间一般会根据丧期的时间安排和主人的经济实力来定夺。中间安排有开坛、参龙、参社、请五方、念经等仪式，每个仪式都有固定的程序。

待时间已定，出葬当日的天亮之前，会有两个人打着火把，沿着即将上山要走的路走一遍，意思为亡人上山照路。打火把照路的人不能沿着原路返回，需要走其他路回去。随后，抬丧的人就按照这条路将亡人抬上山。抬丧的人被称为"抬倌"或者"丧夫子"。抬丧过程中，十分讲究，如果遇到过不去的地方或者需要换人休息，不能把棺材搁置于地面，在抬的过程中，丧夫子会念唱他们祖辈流传的山歌。

在送葬的队伍中，行走的秩序也有很多讲究。一般吹唢呐的乐队会走在最前面，披麻戴孝端着灵牌的人紧跟其后，然后是抬棺材的，最后是其他送行的人群。如果亡者为女性，则娘家人会走在孝子之前。在他们的传统丧葬文化中，披麻戴孝也是一种讲究，孝子的孝帕戴得越长，则与亡者关系越亲；如果是曾孙，孝帕上面必须要见红；如果是重孙，则必须要全红。

在下葬时，阴阳先生和风水先生会根据坟墓的方向定位，进行合理安葬，正如《西郡邓氏宗谱》里记载的一样，他们对于细节的要求甚高，这不仅关系到亡者的尸骨是否能够得到妥当保存，也关系到客家人所谓安顺福气的心理，所以不可小视。

▲ 客家葬礼　余茂智摄

▼ 客家葬礼　余茂智摄

"捡金"葬

自古以来，客家人都有"捡金葬"的习俗，这一习俗沿袭自上古时期的中原地区。所谓"捡金"，即"捡骨"，是一种二次葬习俗。他们采用土葬的方式，将去世之人进行埋葬，也称之为"血葬"；待死者的皮肉内脏等软组织腐烂以后，再开棺由专业的捡骨师将其骨头收拾起来，进行二次下葬。

早在春秋战国时期，《墨子·节葬》中曾说："朽其肉而弃之，然后埋其骨，乃成为孝子。""楚之南，有炎人国，其亲戚死，朽其肉而弃之，然后埋其骨……"据考古研究表明，在我国新石器时代的文化遗址中，二次葬很盛行。北起黑龙江，南讫广东、广西，西至云南以及黄河流域、长江中下游地区都有二次葬的遗存。[①]客家人从晋朝时期就开始进行大型迁徙，其对中原故土的思念由来已久，望着不可复归的故土，将先人的遗骸随之带走，就成为他们坚定不移的精神寄托。

明末清初"湖广填四川"时，众多客家人将长辈的遗骨一同带入四川，并作为上川始祖进行第二次埋葬。这不仅体现出了当时客家人迁徙四川的坚定信念，也体现出他们追本溯源的情怀。

在客家人《严氏族谱》中就曾有记载：

---

① 郑超雄、覃芳：《壮族历史文化的考古学研究》，民族出版社，2006年。

　　我族自闽迁蜀，世居嘉应州长乐县。清雍正时十世祖国寅公
字子敬，国宁公字子康，国宝公字子玉，国宽公字子章，同胞四
人赤手入川。越数季置产，乃回粤迎八世祖君相公黄祖妣，九世
祖天瑞公江祖妣两代金骸，奉安川省，此不忘本根，昭示后人。
君相公葬新华侨老宅左上一齿，想因粤族留葬，乃因生前脱齿，
殁时附葬者分葬传中，各遂瞻依也。[①]

龙潭寺《熊氏族谱》中也有记载：

　　振公四子，清康熙九年岁次庚戌四月十三日丑时，生于广东
惠州府连平州田席约枫树塘，卒于雍正三年乙巳岁下一月十二日
戌时。享年五十有六，葬连平州。嗣公之子连海，昆季入川，迁
葬成都府华阳县古龙潭寺马鞍山老屋后，癸山丁向。[②]

　　由此可见，当年"湖广填四川"时迁徙到成华地区的客家人中，
"捡金"习俗已经成为众多客家人的一种信念。然而，当年的客家人
并非第一次入川时就将"金骨"带来，大多是根据自家的情况酌情处
理。现归纳起来大概有两种：一种是上川前就已经做好了充分的准备
和决心，然后将长辈的"金骨"掘出，一起背着进入四川。这种情况
在举家迁徙的客家人中居多，因为他们大都已将闽粤赣地区的房屋、
财产等全部变卖，且已经没有留下家人。另一种是上川之后，待他们

---

①② 李全中编：《成都东山客家氏族志》，四川人民出版社，2001年。

在四川安定下来，再回去将祖先或者长辈的"金骨"带来。

在捡金入川的队伍中，也要分为全部捡金和部分捡金两种情况。如果闽粤赣地区已经没有其他族人在，则将先祖或者长辈的遗骸全部捡出带走；如果家乡还有其他族人在，则需要进行商量，因为先祖的"金骨"不归某一人或者某一家人所有，是属于整个宗族的。部分上川的客家人，会与留在当地的族人协商后达成共识，带先祖遗骸的某一关节或某一部分走，剩下的部分继续葬在原地。但如果其他族人不同意，则就不能带走，若是强行带走，则会产生许多矛盾与纠纷，因双方未达成共识最终吵得不欢而散甚至闹出官司和人命的案例也不少见。

除去在客家人入川时的"捡金"，客家人在四川落地生根以后，也依然保留着"捡金"的习俗。客家人将亡者的第一次下葬称为"血葬"，只是为了除去亡者身上的软组织，而第二次的下葬，才是作为一个人一生最后的归宿。"捡金"这一习俗，不仅体现出客家人追根溯源、不忘祖宗的传统观念，也体现出他们对迁徙四川的决心；同时，这一习俗也是客家人心中的吉祥象征，不仅寓意着对祖先的尊敬，更寓意着对未来生活的一种心理安慰，如保佑后人人丁兴旺，财源滚滚等。

"捡金"习俗，虽不同于第一次下葬时的大张旗鼓，但其仪式也很繁缛讲究。

首先，客家人在进行"捡金"时，会提前请风水师查看详情，定时间和二次安葬的墓地。墓地的讲究与第一次安葬时无异，除此之外，选定吉时也很重要，待一切都已定夺，则通知与亡者相关的晚辈们前来参加仪式。整个仪式中，风水师和捡骨师这两个角色至关重要，有些人家会两个角色都请，有些人家则会请一个两种角色兼顾的人，这主要看所请之人的能力。

"捡金"仪式主要包括祈祷告坟、捡骨、装坛、重新埋葬等。

"捡金"当天，后辈们在坟前烧香、鸣炮后，开始挖坟进行捡骨，捡骨仪式在整个"捡金"过程中特别重要，亡者遗骨的状况，在客家人看来会直接影响到子孙后代的顺兴与发展，所以一点都不敢怠慢。

如果开棺后，亡者的遗体还未全部腐烂至尽，则需要马上回填，再过个一年半载重新选定时间来"捡"。开棺后所呈现出来的各种迹象，会直接影响到后辈们的心理反应，如果在开棺时，发现棺材上面有"龙丝"，客家人则认为是一种大吉大利的象征，也说明此处的风水极好，不需要再进行二次"捡金"葬，只需要原封不动将土重新填上垒好即可。

有五种人是不能参与捡金仪式的，包括产妇、孕妇、准婚者、病重者及未满五岁的幼小者，这五类人常被客家人视为对红白事不吉利之人。女子若是在例假期间，部分家族也会禁止其参加仪式。"捡金"当月主人家不能办喜事，且不能去参加别人家的喜事；也忌讳修建房屋，需待来年立春之后，才不受相应的限制。

"捡金"是整个仪式中的重要环节。后人提前准备好装遗骸的金坛，此金坛并非是用黄金制造的坛子，而是专程为"捡金"而烧制的土陶，一般男性的金坛上绘有龙的图案，女性的金坛上则绘有凤的图案，这些都寓意着富贵吉祥，寄托了子孙们对获得财富的美好愿望。

▲ 成都西河镇客家博物馆的邱馆长给我们介绍他
收藏的三个稀有的石雕金坛。　李鹏宇摄

开棺后，捡骨师会将腐朽的棺木弃置一旁。棺木一开，在场的子孙立即用黑伞遮挡遗骨头部，意即阴间的人不能见光。接着捡骨师戴上手套开始捡骨。捡骨的顺序是从足到头。以逝者面部朝向的位置为基准来区分左右两边，再按照男左女右的原则来确定捡出来的遗骨所摆放的方位。捡骨师将捡出的骨骼按照活体平躺的姿势摆放于火纸上，且尽量把所有的遗骨都捡出来。在场子孙此时要戴上手套用纸钱将骨骼上的污物擦掉。

捡骨师就人体结构从足到头的顺序将"金骨"逐一放进金坛里。具体而言，先把脚趾骨、跗骨、跖骨等细小的骨头放进坛底，而后放入盆骨，接着将股骨、腓骨、胫骨等竖靠坛壁，再则放入胸椎骨、肋骨、肩胛骨、胸骨、锁骨、颈椎骨等。肱骨、尺骨、桡骨也要区分左右竖靠坛壁，最后将头骨端正地架放在最上面。应注意的是，股骨、小腿骨折叠后，膝关节所在的这一端应朝上放入金坛中，仿佛与活体蹲坐时腿的姿势一样，即"坐金"。若是膝关节所在的这一端朝下则视为"跪金"，这是对逝者的大不敬。"捡金"过程中，所有的遗物都要捡出来，坛中不能放置任何金银玉器。

捡骨完毕后，接下来就是二次安葬的问题，一般会有两种选择：一是当天安葬，二是寄放。如果是当天安葬，则掩土砌坟，大部分坟茔与土葬时外观一致，少数人会使用水泥、砖石等修建坟墓并立墓碑。如果是寄放，待来年再择风水宝地安葬，则无须立碑。寄放时一般选择在斜坡处凿一浅洞，大小以恰好能容纳金坛为宜。暖洞后将金坛移至洞中，用草皮遮住金坛，使其避免外露。不论是安葬还是寄放，都不能完全封闭金坛，须在中部留个气孔，据说是为方便祖先灵魂出入而设。金坛安放好后进行墓祭仪式。晚上回家，参与"捡金"的客家人，还会提前在家门口放一个火盆，回来之人需从火盆上跨过去，以示除晦气。

在整个丧葬礼俗中，无不体现着客家人对祖先的一种崇拜，这种崇拜高于他们对神灵的崇拜，究其原因，最终也都落在客家人追本溯源及以孝为先的传统观念之中。随着客家文化在四川地区与湖广文化的相互融合以及中国丧葬文化的从简和环境保护，成华地区客家人的"捡金"习俗已经逐渐消失，但这一追本溯源的精神，值得所有中华儿女的尊重。

民俗传承

　　在客家人的生活中，保存着许多流传千古的民俗。这些民俗融入了他们的日常生活，一代一代地传承下去。除去所有中国人都要过的春节、端午、中秋等，客家人还有许多独具特色的节日，如农历二月二祭祀、春分吃艾蒿馍馍等，同时，猫公牌一类的游戏，也融入了他们的生活，成为生活娱乐的一种方式。

二月二：龙抬头来始祭祀

　　客家人自古以来都有着敬祖祭祀的习俗，这一习俗最早起源于人类对神灵的尊敬及对鬼魂观念的执迷。虽说如此，但他们对祖先的崇拜更高于对神灵的崇拜。为避免战乱，自西晋客家人第一次大型迁徙以来，他们就有了一种有乡不能归、有家不能回的思念与忧愁。随着迁徙次数的增加，使得他们对故土更加留恋。每一次迁徙，开基始祖都是整个家族中地位最高的人，这也使得客家人对家族中的开基始祖或有功德之人甚为崇拜。族人长期对他们进行祭拜，通过祭祀的方式饮水思源，祈求先祖保佑，福荫子孙，同时用此加深族人的血脉关系，巩固族人之间的和睦团结，增强凝聚力。

　　农历二月初二，即"龙抬头"的日子，部分客家人就从这天开始天象祭祀；而春分作为节气，代表着大地开始复苏，农事开始忙碌，部分客家人也会选择这天开始祭祖，直到清明节前一天。所以每年农历二月初二至清明节前一天，是客家人祭祖的时节。

　　这个时节，东山上的客家人会早早起床准备祭祀的香蜡钱纸和鞭炮等，然后带着妻儿老小，一同前往先祖们的坟地，住在城区的客家人也不例外。农历二月初二，不仅是他们开始祭祀祖先的日子，也是许多外出务工的人回家的日子。

　　住在成华区新华公园旁边的客家人张彬先生，提前一天邀请我去东山上的洪安乡参加他们的祭祖仪式。天刚蒙蒙亮，我也如许多客家人一般，赶往东山。农历二月初二，寒冬已经过去，李子花、樱桃花遍布山间。因为地处浅丘，山峦起伏不大，花丛在起伏之中若隐若现，仿佛一层淡淡的白雾缥缈其间。四面八方传来的祭奠先祖的鞭炮声忽远忽近，回响传遍山际。

客家人每年农历二月初二这天开始祭祖的习俗由来已久，一些客家人也会选择在这天后的第一个周末或者第二个周末进行祭祖，这大多依据自家的时间协调与安排。

他们的祭祖十分讲究，有庄重的仪式和流程，每个家族都由一个德高望重的总理（即总管理事）提前安排好祭祀的时间，然后统一告诉所有族人。祭祀那天，人们从四面八方赶回来参加仪式。

▼ 客家人祭祖　张兴渭摄

祭祖的时候大多由宗祠总理主持仪式，部分宗族也会选择德高望重的最年长者进行主持。将提前准备好的艾蒿馍馍、钱纸等祭品摆放好，将香、蜡点燃，并念祭文。祭文是客家人祭祖时必不可少的内容，其中包含被祭祀者的生平、事迹等。这一环节中，后辈们需全部跪下，以示对先祖的尊重，然后在主持的指挥下行礼。许多家族这一天中并非只祭祀一位先祖，如需祭祀多位，则需要根据先祖的辈分、出生年月等信息按顺序祭祀，以示对先祖的尊敬。

田野间的祭祀仪式结束后，主持人会带着族人们回到祠堂，再进行简约的祭祀仪式，背记祖训及家规等。

祭祀这天，有一个最重要的环节就是吃"坝坝宴"。所有来参加祭祀的族人，都会交伙食费，按人头算或按户算，以供这天所有祭祀的费用，包括伙食费、祭祀用的物资费等。经济条件较好的家族，还会邀请表演团队热闹一番。

20世纪50年代以前，一些大户或者经济条件较好的人家，会筹钱在祠堂周边购买土地，由族人选出专人进行管理，用以种植粮食、蔬菜等经济作物，每年祭祀所需的费用，都出自这块土地所产的经济作物或者粮食，这样就不需要各家各户每年再出钱。据客家家谱《西郡邓氏族谱》里的"祭田地记"记载：

盖礼有四，祭居一焉，奉先思孝，典莫盛于斯。然曷以内其诚，外尽其礼，俾祀典久远之不废哉，其必有祭田地而后可也。自古天子富有四海，尚置籍田，秉耒躬耕，时给荐飨。逮卿以下必有圭田，使得禄分，以各有申报本追远之意。予族于道光年间族祖伯叔等始倡首而开垦地一段于祖山前，接踵阖族定议，招客栽种收租，聚集地租，聚会之公项。于咸丰三年买置祭地二段，约计一亩有零。祖茔附近又于同治二年，买置凉水井幺店铺面草房屋八间，旱地基址阴阳二宅，约计一亩有零。祖茔附近具有契券，笔载分明。每年阖族公举四人管理祖茔，收租承办，庶几春秋享祀之际，于以具粢盛、牲酒、庶馔之仪，至丰洁也；于以集族姓宴饮，敦肃雍之风至便益也。每岁户首督管租钱，支费清楚，无有侵渔，又处置之善也。然公祭既毕，之一各枝各派又有私会、私祭，分荐以亲，一支法良意善……①

1950年，随着土地改革的出现，所有用于祠堂的土地都被收回，这样的习俗也被打破。

早在20世纪50年代以前，成华客家的祭祀分为春祭和冬祭两个部分，春祭即指春分至清明节间的祭祀，冬祭则是指冬至时候的祭祀。

春祭时，主要是以墓祭的方式祭祖，从春分或者农历二月初二这天到清明节前一天结束。若正值清明节这天时，人们就在祠堂里面祭祀。祭坟的过程中也有一些讲究，比如没有后代的孤坟，是在清明节这天墓祭，旁系后代们会去给坟的主人点香烧纸；而对于新坟，人们则主要是在春节的时候祭祀。

对于冬祭，主要是指冬至这天的祭祀。冬祭虽然不如春祭那样隆重，但一年两次的祭祀是必须进行的，且必须在冬至前一天将祭祀仪

---

① 李全中编：《成都东山客家氏族志》，四川人民出版社，2001年。

式完成，因为有着"关冬至门"的说法。冬至是我国农历中的一个重要节气，早在汉朝时期，就已被当作一个很大的节日，有着"冬至大如年"的说法。唐宋时期，冬至则是祭天祭祖的日子，天子在这日祭天，百姓则在这日祭拜祖先，客家人称为"完福"。客家谚语也说："冬至在月头，么被不用愁；冬至在月腰，有米么柴烧；冬至在月尾，冻死老乌龟。"这讲述了时间与节气的重要性。而在20世纪50年代以后，冬祭这一习俗开始逐渐消失，直到现在，成华地区的客家人只保留有春天的祭祀习俗。

猫公牌：流传在民间的古老游戏

成都茶馆甚多，成华客家聚居地亦是如此，几乎每条街道都有喝茶的地方，或一家，或数家。旧时的成都茶馆，就是成都生活的一个缩写，喝茶、聊天、发呆、谈事、看戏甚至相亲、调解纠纷等，都在茶馆里面进行。在娱乐方式较为单一的年代，茶馆是当地人消遣、娱乐的好去处。

成华区的客家人主要聚居在龙潭寺、青龙场、赖家店、万年场、圣灯寺等地，若说有地方能够让他们在场镇或者一个店铺里待上一天的，也就非茶馆莫属了，而在各种消磨时间的方式中，玩牌是其中最有趣味的项目之一。

众所周知，四川人喜欢打麻将，但除了麻将，部分人也喜欢玩一种图形文字相互结合的牌，这种牌在这片区域被俗称为"猫公牌"。

猫公牌，又名六虎牌、六胡牌、六和牌、客家牌等，是流传于客家人群中的叶子戏，也被称为"吃磴游戏"。从花色来看，其历史由来已久，比牌界中的麻雀更赋有明代马吊的特色，也是中国现今依然流行的、唯一保留有马吊四门且承袭了明代"看虎"的特色牌种。它共有三十八张牌，花色分拾、贯、索、钱四种，每一种花色共九张，另外加有梨花和云线各一张，构成一副完整的牌。

以前，成华客家地区的街头巷尾，都有着热闹的茶馆，早时茶馆根本不像现今这般花样众多，或许有环境较好的品茶馆，但基本都在

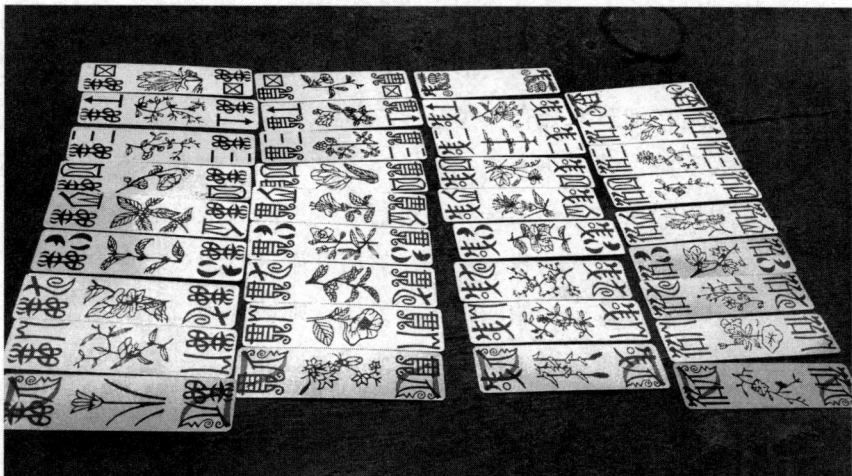

▲ 猫公牌的全部花色　冯荣光摄

成都主城区少量分布，更多的则是老百姓可以喝上"三花儿"的平民茶馆。

清晨时，悠闲的人们便提着鸟笼出了门，到各处树下的茶园里遛鸟喝茶；没有农事的客家人，在家里吃了早饭也去那些可以遮风挡阳的茶馆里坐着。部分人提前约好玩友，定好地方，待人一齐就开牌；有一些人临时跑到茶馆里面打望，抱着可玩可不玩的心态，一边观望，一边寻找合适的机会，时机合适也玩上一把；也有一些人，没有固定的玩友，到茶馆后，堂倌给他泡一杯茶，等待着那些与他一样的茶客，之后在堂倌的安排下，凑成一桌。

猫公牌的玩法在不同的地方有所差异，可分为三人组或者四人组。一般情况下，四人组最为常见，"三缺一"的说法，不仅在麻将里面有，在猫公牌里面也有，因为四个人的玩法比较齐全，游戏规则也比较好执行，算牌时最为便捷，但若实在没有第四个人，三个人也可以玩，只是在细节上会有一些差异。

四个人玩牌，分为头家、二家、尾家和梦家（或者小家）。牌局开始后，第一局由头家开始洗牌并进行拿牌，然后依着顺序拿牌，梦家只拿一张牌，其余三家拿十二张，然后开始进行游戏。在拿牌结束后，若其中一家有数字一的四张牌与云线，则被称为"五虎下山"，代表已经获胜，此时这家可以赢得牌局，然后进行下一轮。但如果头家开始出牌前没有宣告出来，就要按照游戏规则慢慢进行，直到再次胡牌。

客家人在玩猫公牌时，若赢了，称为"胡牌"。"胡"字，原本出自清朝的"十湖牌"，后来在游戏的过程中，十湖牌失传，在大陆及台湾地区，则多被称为"胡"，而在香港地区，则被改为了"糊"，但不管这个字怎么写，最终均有"赢"的意思。

这里的梦家特别有意思，用客家人最直白的话说就是做梦，即在拿完牌以后，包括这一局中的其余过程，都与其没有多大关系了，他就真的像做梦一样地坐在那里进行观望，只需要在局终的时候，看看具体情况，然后收取分数。

这样的纸牌游戏，以前在茶馆里面十分常见。每逢场天，赶场的人在办完事情、买好东西以后，就往茶馆里面钻了；也有部分人就是冲着茶馆来的；但也有部分人，在午饭过后才慢悠悠地进入茶馆，然后消遣一下午的时光，待到夕阳下山、夜幕降临之时才肯移步回家。

猫公牌是客家人带到四川来的一种消遣的游戏。猫公牌在四川地

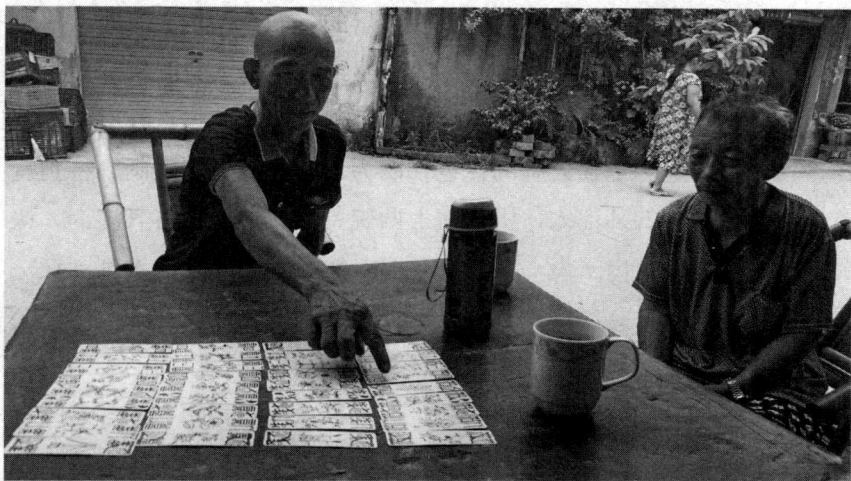

▲ 讲解猫公牌游戏规则　冯荣光摄

区的沿袭与发展程度，已经超过了闽粤赣地区，这或许与四川的环境有很大关系。

　　在闽粤赣地区经受过种种磨难与自然挑战的客家人，入川稳定后，心中的安全感倍增。事实也是如此，自从在成都平原及东山地区落脚以后，每个季节的农作物都较少遭遇毁灭性的自然灾害，因此，客家人在农闲的时候也是十分放心的，而放心之余，如何消遣空出来的这些时光，这茶馆里的牌局，则定属其中的方式之一。

　　逢年过节是大家都很清闲的时候。这时街坊邻居开始互相串门约牌。上午一局，下午一局，没有尽兴时，晚上还可以继续玩一局。为了能够开心玩牌，若是临近饭点，主人家还去准备大家的午餐，吃了继续玩耍。

　　我小的时候住在湖广人与客家人杂居的老四合院里。有时天落着雨，大家都没法出去做活，就与家人相互约着玩牌。我时常会望着他们的猫公牌发呆，因为其花色与玩法，跟父母们玩的点点红有些不一样，当时有些迷恋于猫公牌的花色，因为每张牌都如字似画，特别有意思。而不玩牌的其他人，则去盛上两碗黄豆，早早地将其泡上，快要中午时用石磨推出来做一锅卤水豆腐，然后整个院子的人都围在一起吃饭，热闹非凡。

　　现今，随着乡村场镇的不断拆迁与城市的发展，以前的老茶馆越来越少，各种高端的茶楼纷纷兴起，但客家人依然喜欢在最古老的平民茶馆里娱乐和消遣。如今龙潭寺外的河边还依然有数十家老茶馆在营业，茶馆边上的豆花饭才几块钱一碗，每到中午，打牌吃饭的人络绎不绝。青龙场、赖家店、万年场甚至圣灯地区的街头巷尾，也都还有着众多类似的老茶馆。

　　每日清晨，天刚刚亮时，就有睡不着的人们开始在茶馆门前坐着，或抽一根旱烟，或读一份报纸，静静等待着堂倌开门，然后再泡上一杯素茶或者茉莉花茶，等待着猫公牌牌友的到来。只是随着外来文化的不断侵袭，会打猫公牌的人多为老年人，且越来越少。在此之前，我因为一时对猫公牌有了许多兴趣，骑着车子跑遍了整个青龙场，却找不到在玩这种牌的人，不知道是否是地点和时间都没有对。后来，我在赖家店与十陵镇交接的双林村做调查时，终于找到了会玩猫公牌的人，实为难得，以此记之。

鸟米粿节：桂花林下吃馍馍

这日正值春分，3月的天亮得依然有些迟缓，还未待它亮开时，我已从南边的华阳出发至龙潭寺的桂林社区，到达时还未至八点，但整个社区已经热闹非凡。三百多年来，这里的村民们似乎从来都没有想象过，跟随他们上川的食物——艾蒿馍馍也会"咸鱼大翻身"，成为民众欢庆节日的一种食品，可现实就是这样，艾蒿馍馍随着客家人的生活环境不断变化，成为传统饮食的一种演变物。

"鸟米粿"这一词来源于客家话的音译"niaomiguo"，即艾蒿馍馍，在西南官话中属于一个新造词汇，"鸟米粿节"也是一个新兴的节日。对于桂林村的客家人来说，这次的鸟米粿节，充满着无限惊喜、欢乐与期待。春风吹拂着他们，被柔软了的心，似乎还停留着艾蒿发芽后的一抹鲜嫩的情怀。

在桂林社区的主会场，舞台周边的工作人员和表演者紧张地进行着彩排，顺着街道走去，许多客家人都在忙碌地包制艾蒿馍馍。为了欢度这次节日，十几家村民将自己的餐馆或者铺面都腾空让出来，便于大家集体制作馍馍。桂林社区成立以前，这里属于桂林村管辖，整个村子被划分为若干小队，这天前来包制馍馍的居民，全部按照以前的小队分布，每个小队一间铺面，并配置有蒸炉、蒸锅等用具。

艾蒿馍馍，是客家人独有的一种食物，由艾蒿和糯米制作而成。每年春分开始，春回大地，气温逐渐转暖，地里的艾蒿开始抽出嫩嫩的叶子与茎秆来，这时的客家人就要开始忙着制作馍馍了。其中制作馍馍的艾蒿，在成华地区又分为几种，比如棉花草或者大小艾叶等。棉花草的学名叫作鼠曲草，菊科，拟鼠曲属，与大小艾草同科而不同属，但客家人将它们统称为艾蒿。艾蒿开春后开始生长，清明过后逐渐长老。当棉花草开出一种金黄色的小花时，就不能作为艾蒿馍馍的原料了。桂林村的客家人习惯用棉花草作为馍馍的原料。

活动现场的客家阿姨们告诉我说，艾蒿馍馍的制作过程可以分为几个步骤：首先要按比例将糯米和饭米配置好磨成粉，然后将采摘回来的艾蒿鲜叶洗净，用开水将其烫熟、捣碎，倒入提前磨碎的米粉中，加入适量的水，混合揉捻，直到将艾蒿与糯米完全混为一体。馍馍的馅儿由腊肉、咸菜等构成。腊肉洗干净后切成小丁，加入前一年春天制作好的咸菜（盐菜）等，搅和成馍馍的馅儿。馍馍的包制过程很有趣，需要将揉捻好的艾蒿糯米团子分为若干小坨，然后用手掌压平，放在手心呈平托状，将馅儿放进去封口、包好，一个艾蒿馍馍就成了型。其实包制馍馍的步骤并不复杂，类似于春节时人们包制汤圆，只是要做得有模有样，也需要讲究一定的力道，是熟能生巧的事情。包裹馍馍的材质是玉米壳，每年人们在掰玉米的时候，都会精心挑选出较好的玉米壳，晒干后储存起来，待第二年开春时做艾蒿馍馍用。这样制作出来的艾蒿馍馍，不仅有着艾草的清香，腊味的香浓，还有使用玉米壳包装的环保与生态功能，营养丰富，色、香、味俱佳，吃起来风味十足。

一位刚毕业不久的年轻人专程从市区请假赶回来参加节日，说在他小的时候母亲经常会制作艾蒿馍馍，但顽皮的自己从来没有想过要

▲ 村民们包制好的艾蒿馍馍　朱玉霞摄

去学做，如今有机会回来体验这一过程，感觉十分美妙，而望着两鬓已白的母亲，仿佛回到了小时候。

虽说桂林社区的鸟米粿节才属第一届，但其背后的历史与渊源却可以追溯到几百上千年前。南宋末年，客家人为躲避战乱，迁徙至闽粤赣交界地区，带来了中原地区的饮食习俗，可南方地区的气候及环境与中原地区相差太远，中原的面食与南方的大米，也形成了两种截然不同的食物种类。客家人根据大米的特性，制作出了米类的衍生品——粿。这种粿最早作为供品用于祭祀，后来逐渐普及到生活之中。

在闽粤赣地区，每个地方根据当地的饮食、习俗和植物等特性，制作出不同的粿来，也有许多地方根据时节的不同制米粿，形成一种"时节做粿"的习俗。米粿贯穿他们的春夏秋冬，成为一种必不可少的食物。在桂林社区及整个成华客家地区，艾蒿馍馍依然保留在最传统的阶段，即祭祀与美食的结合。

每年农历二月初二至清明节前一天，都是客家人祭祀祖先的日子，制作艾蒿馍馍的时间与其相当。人们用馍馍祭奠祖先，表达哀思，并告慰先人。

桂林社区客家人的鸟米粿节，不仅仅是一种欢愉的节日，更是一种能从齐心协力制作馍馍中体现出他们质朴、勤劳、团结的生活本性的传统。从我到达现场见到钟洪强先生开始，他就一直忙着没有停下来过。从包馍馍到用记号笔在每个手提袋上写下每队每户人的名字，他都春风满面、格外开心。接受采访时，他说往年没有这个节日，自己都会在田野里扯上几把艾蒿回家做馍馍，除用以祭祀外，有时下地干活也带上一些，方便美味，且经得住饿。如今，随着土地被陆续征用，人们也很少有机会再将馍馍带出去充饥，现在有了节日，对于桂林社区的客家人而言，是难得的欢聚与幸福。

　　钟洪强的祖先以前在龙王场定居，后因龙王场一带土匪出没，在听到可能被绑票的风声后，爷爷连夜带着一家人迁往桂林社区，之后就一直生活于此。桂林社区的客家人在这里繁养生息了三百多年，具有浓厚的客家情节。为了这次节日，成华区从事教育事业的刘小葵先生还特意写了一篇《客家颂》，梳理出成华客家人的来龙去脉及三百多年来的发展历程：

▼ 艾蒿馍馍蒸熟后，村民端出来供人们分享。　朱玉霞摄

黄帝苗裔，河洛繁滋。中原士族，百朵千枝。

痛哉永嘉，五胡乱华。唐末黄巢，满城金甲。

元蒙铁骑，踏碎天阙。衣冠南渡，定居闽粤。

饱经沧桑，血流泪洒。山遥水阻，依然挺拔。

明清战乱，轮番碾压。西蜀人烟，十无其八。

天府沃野，静待犁铧。携老擘幼，背井离乡。

千里跋涉，辛酸备尝。落籍华阳，龙潭寺旁。

桂花林下，结庐开荒。分枝散叶，续立祠堂。

祖宗遗训，毋敢相忘。崇文兴教，勤于农桑。

取之有道，能工能商。礼义廉耻，四维必张。

孝友睦亲，恪守伦常。风俗依旧，春烝秋尝。

中古音韵，千载不忘。舌尖美食，米粿飘香。

今我桂林，客家兴旺。李林陈张，钟廖刘黄。

范曾何魏，邓周冯王。罗蔡赖苏，福祚绵长。

时逢盛世，共建共享。客家精神，永世传扬。

古音缭绕

　　作为汉族的一个分支，客家人像一个古老的活化石，在语言上保留着众多中古时期的特性，这体现在他们说话时的语音、词汇及表达方面。而客家山歌，作为客家人独具特色的文化艺术，即兴即唱，流传下来使远古中原地区的文化得以传承。语言和山歌，是当今识别客家人的两种主要方式。

客家方言：成华客家人的识别符号

秋意凉爽，我在龙潭寺大街上闲逛。一些卖瓜果、蔬菜、草药的商贩聚集在寺外，问价的、讨价的、成交的、闲聊的……热闹得很。在他们的话语中，有听得懂和听不懂的：能听懂的，是西南官话；听不懂的，则是当地人祖祖辈辈继承下来的客家方言。客家方言统称为客家话，也简称为客话，在中国台湾地区被称为客家语或者客语，广西地区称之为"新民话"或者"麻介话"，也有的地方称之为"厓话"。而在四川地区，则被客家人自称为"广东话"，湖广人则称四川地区的客家话为"土广东话"，这种称呼，区别于真正的粤语，按照现在的说法，就是客家方言。

客家话的由来

客家话与四川大多地区的方言都有所不同，不只是语音、声调上的相异，就连构词、语序、句式、发音等，都与四川官话有很多差异。

从"湖广填四川"到后来的很长一段时间，居住在沙河流域及东山的客家人都说祖辈传下来的客家话，这种语言不只存在于他们的生活中，更深埋于他们的信仰里。

在客家人居住的地方，如赖家店、龙潭寺、青龙场等，人们都说客家话做生意，许多商人或者买主都愿意去学上几句。在这些地方买卖东西，如果会客家话，在交流上不仅更为顺畅，价格上也会显出友情。2017年3月，在青龙场街道办的一次交流会议中，唐智芳先生讲述其工作经历时说，作为一名公安干警，在客家聚居区，学会说客家话也是一项必要的工作任务。在客家聚居区执勤、走访或者调查时，如果不会说客家话，工作交流和执勤中就可能会遇到各种困难。而今，以客家人为主的社区或者村庄在开会时，基本都说客家话。所以，学会这门语言，是工作人员的必修课。

客家人说西南官话，是在迁入四川后开始的。据宣统年间出版的《四川通鉴》记载，当时成都人的籍贯情况有些复杂，湖广籍占25%，江西籍占15%，广东籍占5%，福建、山西、甘肃籍共占5%。成都东部及周边的客家人，人口众多，且比较集中，从语言上来说，有相应的根基与语言环境。①

四川地区，自古都有着"天府之国"的美称，是全国各地不同人群向往的地方，再加上移民政策的大力支持，除了因开垦而来的移民，商人、墨客也纷纷进入四川，成都作为四川地区的重要城市，经济也从多方面得到相应恢复。在这样的环境下，原本就勤劳且商业头脑灵活的客家人，也浩浩荡荡进入了当地商业体系，与非客家人做起了生意。对这群客家人来说，要与外界有所互动，就必须要学会说西南官话。因此，客家话与西南官话在成都成为客家人两种主要的交流语言。

对于不会说客家话的人来说，细细听他们说话时会觉得特别有意

---

① 陈世松主编：《四川移民与客家文化学术研讨会论文集》，天地出版社，2005年。

思：抑扬顿挫间，还具有一定的音律性，新奇且令人愉快。可他们的语言是从哪里来的呢？

西晋的永嘉之乱以后，由于战乱、灾荒、瘟疫等众多原因，迫使祖居在并州、司州和豫州等地的部分汉人，开始举家迁往南方的颍水、淮水、汝水等地，最远的则迁徙到了江西中部。明朝的陈第在《读诗拙言》中曾经记载道："自五胡乱华，驱中原之人入于江左，而河淮南北，间杂夷言，声音之变或自此始。"由此可以看出，客家人的方言中，所夹带的中古语音，或许在西晋第一次大型迁徙时候就已经形成。唐末宋初和宋末元初的战乱，迫使这支中原人分别进行了第二次和第三次大型迁徙，最终一直南下从赣南、闽西迁入了粤东、粤北。第三次大型迁徙，基本上奠定了赣南、闽西和粤东北客家人的独特体系。在这部分区域，原本生活着土著居民畲族，在客家人迁徙进入以后，客家人和畲族之间相互影响，最终因为人口、语言、环境等因素，逐步形成了近代的客家语言。也就是四川客家方言形成之前的语言体系。

美国语言学家布龙菲尔德曾经在他的《语言论》中表述过：语言随同商品一起，从一个语言到一个语言。而文化交流和语言的接触，大多是征服的结果，较少起源于和平迁徙的方式。如果说南宋时因为战争导致了中原一带的古语言被迫迁徙至闽粤赣山区，又在当地土著语言的影响下，最终形成了客家独有的语言，那么四川地区的客家语言，则是在和平时期迁徙之后逐渐形成的。

2018年农历二月初二那天，我打了个顺风车去东山采访。司机张先生也是客家人，在闲聊过去的经历时，他说自己曾经去广东那边的客家聚居区做过事情，可以用四川这边的客家话与他们进行沟通，但有些语言在表述和理解上仍有所偏差。关于这个现象，我采访过数名客家人，最终得到证实。

明末清初以后，各个地方的移民迁入四川，众多语言汇聚于此。客家话所占比例较大。沙河流域及东山地区的客家人，大多来自粤东的长乐（今五华）和梅县，这些区域的客家话本应与来源地一样才对，但随着客家人在这片区域的生活与发展，他们与湖广人有着密切的联系，客家方言与西南官话因此也有了相互的交集。客家人在接触说西南官话的人群后，原本的客家方言中没有的一些词汇，在交流时就只能借用官话里的词汇，久而久之，这些词汇融入客家方言中；在一些语音上，相互的发音也会有所影响，如成都洛带、凉水井、龙潭寺等几个地方，当地客家人说成都话没有翘舌音，他们的客家方言里也就没有翘舌音。各种原因相互影响与吸收，综合形成了与客家来源地不同的客家方言。而四川地区的这些客家方言之间，并不具有太大的差异，只是在少数的词汇、发音、词缀等方面有所不同，对整体的客家方言不具太大影响。

兰玉英女士也曾就成都客家方言的形成，提出过两个重要观点：一是成都东山客家方言是在四川官话方言的影响下，经过来自闽粤赣客家方言的交混和整合而形成的；二是广东客家方言尤其是五华话曾经对成都东山客家方言产生过重要的影响，是在成都东山客家方言形程过程中影响力最大的方言。①

---

① 兰玉英：《洛带客家方言研究》，四川人民出版社，2005年。

因此，沙河流域及东山地区的客家方言，是随着迁徙的步伐而进入的，又随着历史的发展，与西南官话交融，最终形成独具特色的客家方言。

成华地区客家方言的特性

从语言历史的发展角度来看，自古以来的各种语言，绝大多数不会因为某个区域行政规划的改变而随之改变，反而是地域、迁徙等影响因素，表现得更为突出。

在四川地区，存在众多客家方言岛，根据地理学差异，可以将这些方言分为两个类型：一是方言区（片）交接带的方言接触，二是方言岛与包围方言的方言接触。[①]在四川成都、西昌、隆昌、仪陇几地的客家聚居区，客家人普遍说双方言，客家方言是以方言岛的形态存在的，因此四川客家方言与四川官话的接触属于方言岛的包围方言的地缘性接触。[②]四川客家方言集中保存在成都、隆昌、西昌、仪陇几个客家方言岛。成都客家方言由东到北连缀成片，分布在锦江区、龙泉驿区、成华区、金牛区、新都区和青白江区6个区所辖的27个街道办事处和乡镇。这片区域的客家人，所说的话多为成都话，但位于北端的木兰镇、泰兴镇、青龙场、天回镇的客家人则说新都话。[③]

---

① 马学良、瞿霭堂、黄布凡等：《普通语言学》，中央民族大学出版社，1997年。
② 兰玉英、蓝鹰、曾为志等：《汉语方言接触视角下的四川客家方言研究》，中国社会科学出版社，2015年。
③ 兰玉英：《洛带客家方言研究》，四川人民出版社，2005年。

结合四川客家的来源，还可以把成都、隆昌、西昌的客家方言叫作四川粤东片客家方言，把仪陇客家方言叫作四川粤北片客家方言。陈世松先生在主编《四川客家》时，又将客家方言按照"靠近龙泉山与否为标准，分为近山客家话和近城客家话两个小类，以洛带为代表的是近山客家话，包括同安、文安、黄土、西坪、万兴等乡镇的客话；以凉水井为代表的是近城客家话，包括龙潭乡、保和乡、青龙乡等乡镇的客家话"进行划分。但不管是按照地理、方言岛还是按照地域来进行划分，这些方言都有着自己独特的个性。

成华客家，从客家人迁徙入川开始，一直是距离成都最近的一个区域，因此，也是客家人与湖广人相互交流频次最高、范围最广的一个区域。嘉庆九年（1804），杨燮在《锦城竹枝词》中写道："大姨嫁陕二姨苏，大嫂江西二嫂湖。戚友初逢问原籍，现无十世老成都。"这说明成都的人口来源复杂。据史料显示，清朝时期，成都春熙路上，到处可见众多客家人在此进行商业活动，卖柴米油盐的，开茶馆的，等等，西南官话与客家方言在此相互交流，语言流畅。这种现象足以说明，一种语言的传播，是可以随着商品的交流而进行传播的。20世纪四五十年代，现今成都的二环一带都还是以客家方言为主要交流语言。客家方言在成都地区的蔓延，如同客家人迁徙的线路一样，先从东部往城中心的西部方向前进，最后又因为城市化进程及外来人口的不断侵入，而逐步从西部退向东部。在这些客家方言与西南官话交集的地区，双言现象如同一个光环，围绕着他们，直至现今。

所谓双言现象，即指在不同场合分别使用一种语言的两种变体，也就是说存在于同一语言社团中的一种语言的两种变体，如标准语和方言，或者两种不同的方言。现今的成华地区，依然存在这种现象。客家人对外交流时，大多都说西南官话，而在客家人群里，则说客家语。客家人的孩子们，在学校读书时，学习的是官话版本，许多内容无法直接用客家话进行朗读；而在私下进行交流时，许多内容则是可以用客家话进行表达的。自客家人迁徙入川后，这种双言现象，在湖广人与客家人交集较多的地方表现得十分明显。但从成都平原往龙泉山脉靠近，这种语言现象则相对较弱，甚至还有一些地方曾经有着"只说客家话"的规矩。

现今，成华区的赖家店、青龙场、圣灯、龙潭寺等地，属于该区客家人的主要聚居地。在他们的语言交流中，许多中年人和老年人都在自家或者客家人群中说着流利的客家语言。

2017年11月7日的早晨，天还未大亮，我在去龙潭寺的路上迷失了方向，后与一位正好去寺庙的老阿婆搭上了话，我们一边赶路一边唠着家常。当我问及她家的小孩子是否还说客家话时，她说自己的小孩依然会说，在家里或者在客家人群里都说客家话，不过从孙子这一辈开始，从小就让他们进学校读书，接受普通话教育，现在只会听客家话而不会说了。当我再次问及是否会教以后的重孙子说客家话时，她则回答说随着社会的发展走。

那天，我因为没有找到提前约好的人，只能在龙潭寺外面的老茶馆里闲逛，刚好偶遇几位老先生在喝早茶。其中已九十三岁高龄的李明新老人对于我所询问的问题十分热情，说起客家话这个问题，他说现在自家已是四世同堂，所有的后辈都会说"土广东话"。在外面时就说湖广话，在家里时则都说客家话，老祖宗留下来的遗训，不能丢失。而对于周边的客家人来说，村子里的客家人都集体说客家话。还有许多的人，在城市里说湖广话，回到乡下则说客家话。总体来说，乡下会说客家话的人群，比城市里面多。

确实，李明新老人所描述的这些情况，不只是出现在他的生活与周边环境里，也是众多客家聚居区普遍存在的情况。在城市里，说客家话的人群比例最少。而所谓客家方言岛地区，说客家话的人群，则比边缘地区的人群要多且集中。然而，因为每个区域所受西南官话影响的程度不一，成华客家各个区域的客家话也在细节上多有差异。同时四川客家方言与四川官话的长期交融，致使客家方言的不少典型特征在四川客家方言中遭遇了明显的衰减，无论是语音、词汇还是语法方面都不例外，语音方面尤其明显。王庆先生曾经在龙潭寺做客家话调研时，就发现了这些有趣的现象，他在论文《龙潭寺客家话语音研究》中就这样描述道：

自入川以来，延续了客家话的基本格局；同时由于受到成都话的影响，又产生了许多新的变化。现在所见的文献大多称龙潭寺客家人主要来自广东梅县，但经我多次深入龙潭寺进行田野调查，发现龙潭寺客家话的语音与梅县客家话有着较大的差异。龙潭寺客家话有声母23个，韵母56个，声调6个。从历时的角度着眼，将龙潭寺客家话与《广韵》比较，得出龙潭寺客家话语音的古今演变规律，其中声母规律12条，韵母规律16条，声调规律5条。从共时的角度着眼，将龙潭寺客家话与川外的客家话、成都话比较，发现在声母、韵母、声调诸方面既有来自源头客家话的诸多语音特点，也有在成都话影响下产生的语音特点。在川外的客家人聚居区中，与龙潭寺的语音特点一致性最强的是粤东的五华和兴宁。我认为，龙潭寺客家话的语音特点主要与粤东的五华、兴宁两地的客家话接近，另外融进了一些闽西客家、赣南老客的特点，是一个"融合型"的客家话……①

　　由此看来，这种类似的现象，不只存在于龙潭寺，也存在于青龙场、赖家店、圣灯等地，甚至存在于整个四川的客家方言之中。

　　客家人与众多汉族人一样，都属于同一个族系。同样的黄皮肤，黑头发，走在大街的任何一个角落，除了他们口中所说的客家语言，或许已经很难再找到其他识别性很强的介质来区别他们是客家人了。然而，成华区偏偏又是四川客家人离城市最近且发展最快的一个区域。城市化的不断发展和外来人口的不断来往，以飞快的速度将客家人的众多特征淹没于城市和茫茫人海之中。

　　谢桃坊先生在《成都沙河客家的变迁》一书中写道：沙河流域一带是客家杂居之处，20世纪40年代，这一带的双水村、新鸿村、八里村、圣灯村、联合村、青龙场等地以客家方言为主要交际语言，驷马桥、万年场、牛市口、莲花小区等地曾经是客家方言和成都官话并行，然而现在在这些地方已经很难听到有人说客家方言了。沙河流域尚残存着某些客家文化，但在沙河整个客家及其后裔中，其数量是极

---

① 王庆：《龙潭寺客家话语音研究》，西南大学硕士论文，2008年。

　　少的，而且正在迅速地衰退中，这里的客家人盼望进入城市化，企图走向现代文明，愿意接受现代生活方式。在这种选择中注定会遗弃一些传统的东西，所以祖宗的遗训也就变得缺乏现实意义了。

　　但不管怎样，纵使这一带客家方言随着时间的流逝而逐渐消逝，客家人的一切，都在随着时代的步伐，以另外一种方式不断发展与前进。

山歌童谣：艺术里的客家情怀

　　"月光光，秀才郎，骑白马，过莲塘，莲塘背，种韭菜，韭菜花，结亲家，亲家门口一张塘……"这首客家童谣，是我于2018年春分那日，在龙潭寺桂林社区的鸟米粿节上听到的。孩子们被打扮成春天的花朵，在舞台上认真歌唱，我这个不懂客家语的湖广人虽然听不太懂稚嫩的客家语，但其音律和情感，却将我感动得一塌糊涂。这是我第一次正儿八经听完一首客家童谣，从此便着了迷。

▼ 李明英老人准备为大家唱客家山歌　朱玉霞摄

　　客家山歌，起源于中国古代的中原民歌，后因战乱、灾荒等原因，其逐渐往南迁徙，经过黄河流域、长江流域，进入闽粤赣等区，这些地方的生存环境，给客家山歌带来了众多创作元素与基础，后因"湖广填四川"，被带入了四川。这些山歌没有具体的文字描述，也没有专业人士的填词与谱曲，而是客家人在地里山间用客家话即兴演唱出来的口头创作。在客家人的不断传唱与修改中，这些山歌最终形成了脍炙人口的民间歌谣。在他们的即兴创作中，大量继承了《诗经》《汉乐府》等传统诗歌中的表达方式，赋、比、兴的手法表现得淋漓尽致。

　　客家山歌的歌词，具有鲜明的个性与识别性。如今的客家语中，依然保存有许多中古语言的特性，因此在他们的唱词中，也时常会有一些词汇、语句、顺序等，会呈现出不一样的特性。成华客家的山歌，来源于闽粤赣地区，带有强烈的个性色彩，与非客家人的山歌相比，完全出于两种不同的历史文化背景。我曾经因为喜欢，了解过西北地区的民谣——"花儿"，他们与客家山歌的形成模式一样，与专业的作词、谱曲毫无关联，完全靠人们即兴的口头创作与演唱，其中一些词语的运用与客家山歌相近甚至相同。由此看来，客家山歌与中原地区的民谣其实具有一脉相承的关系。只是客家人这支中原人士，在不断的迁徙过程中，与瑶族、畲族等少数民族及所迁地区的传统与文化互相交流与影响，如今所呈现出来的山歌风格，虽有中原文化的影子，但已形成了属于自己的特性与色彩。

　　客家山歌，通常用山歌来表达内心的愉悦，主要反映他们在地里山间的农作、生活、习性等内容。这些山歌不仅体现了他们对生活的态度，更体现了他们祖祖辈辈继承下来的优良传统。包括劳动、情感、婚俗、劝诫等方面，其中劳动类的代表曲目有：《栽秧歌》《采桑歌》《牧牛歌》《盘歌》《山歌好唱口难开》等；情歌类的代表曲目有：《月儿弯弯像把梳》《不愁新娘娶不来》《十二月望郎歌》《十相思》等；婚俗类的代表曲目有：《出嫁开脸歌》《哭嫁歌》《贺新郎》《新娘进洞房歌》《数花》《只怪女儿命太薄》《娘辛苦》《簪花歌》；其他如《嘲保长》《求雨歌》等。以下是我在走访成华地区客家人时，所收集的一些具有代表性的山歌：

月儿弯弯像把梳

月儿弯弯像把梳，多多拜上奴的夫。
再等三年不来接，剪下青丝当尼姑。

不愁新娘娶不来

李家阿幺子好人才，不烧烟来不打牌。
栽秧打谷样样会，使牛耙田样样来。
四邻媒人来提亲，不愁新娘娶不来。

十二月望郎歌

正月望郎是新年，只望情哥来拜年。
鸡肉留得哈了口，腊肉留来起泛泛。（指已变质）
二月望郎桃花开，喜鹊喳喳跳花台。

喜鹊好比喜公子，奴家好比油菜薹。

三月望郎是清明，香蜡钱纸祭先人。

雄鸡刀头摆上桌，保佑找个好公婆。

四月望郎来栽秧，大田秧子行对行。

有钱栽的"人字格"，无钱栽的"一条枪"。

五月望郎是端阳，酒米粽子蘸红糖。

阿爸爱吃高粱酒，我郎无钱家中愁。

六月望郎天气热，田头爸妈大汗滴。

无人帮我种庄稼，只怪情郎人手缺。

七月望郎是谷黄，家家户户收割忙。

人家打谷有人帮，我家打谷自己忙。

八月望郎八月八，八月中秋望"月华"。

提封麻饼烧壶茶，口含月饼难咽下。

九月望郎是重阳，家家户户蒸酒忙。

人家蒸酒有人尝，我家蒸酒放一旁。

十月望郎小阳春，家家户户收花生。

双脚跪在沙地上，情郎何时来帮忙？

冬月望郎天气凉，家家户户添衣裳。

心想给郎缝一件，不知情哥穿多长。

腊月里来望我郎，我俩何时才拜堂？

待到明年桃花开，吹吹打打轿子来。

出嫁开脸歌[1]

阿爸请你来喝酒，没有喊你下毒手。

阿爸请你来抽烟，没有叫你看脸边。

阿爸请你来吃茶，没有喊你扯毛发。

扯我一根赔十根，扯我十根赔不清。

贺新郎

一对金花，角角叉叉。

插在头上，众只看他。

今年脑壳邦邦硬，明年耳朵稀溜炮。

一对金花金灿灿，插在头上众人看。

你也看来我也看，明年当爹要煮醪糟蛋。

新娘进洞房歌[2]

左手端果盘，右手捞门帘。

朱红箱子亮闪闪，花露水儿冲鼻前。

一进新房就铺床，扶了新娘送红娘。

插秧歌

大田栽秧行对行，一对鲤鱼跑忙忙。

[1] 婚姻是人生大事，客家人对婚嫁尤为重视，女方结婚前夕的"开脸"，即绞去脸上的汗毛。
[2] 讲唱人：崔家店村欧义福，男，81岁。

我问鲤鱼跑啥子，后面有个打鱼郎。
大田栽秧行对行，男男女女栽秧忙。
又说又笑闹嚷嚷，栽了一行又一行。

薅秧歌
幺妹长得乖哟，穿双红绣鞋。
幺妹哪里住哟，该在歇马台哟。
幺妹听哥说哟，把您许配给哥哟。
回家对您妈说哟，同意您就点脑壳。
想妹莫挂在嘴上哟，薅秧使劲哟。
勤快的阿幺子啥，人人爱哟。
打谷子后，就把幺妹娶过门来。

山歌好唱口难开
山歌好唱口难开，果子好吃树难栽。
白米好吃田难种，鲜鱼好吃网难抬。

乘凉细把妹妹想
手抱锄头做一场，做了一场好乘凉。
乘凉细把妹妹想，啥时来给我补衣裳。

对唱①

男：隔河采桑三个娇，

　　三个娇儿一样高。

　　我的老妹我认得。

　　瓜子脸儿细眉毛。

女：隔河栽秧几个哥，

　　高矮胖瘦差不多。

　　那个天棒（此地是一种爱称）我认得，

　　闷墩闷墩笑呵呵。

男：采桑老妹多玲珑，

　　心灵手巧喂天虫。（蚕）

　　有心过河帮一把，

　　又怕老妹吆响筒。（赶猪竹竿）

女：栽秧莽娃命真苦，

　　衣裳烂了没人补。

　　有心过河飞针线，

　　又怕戳烂背脊骨。（流言蜚语）

男：采桑老妹才十五，

　　周周正正好筋骨。

　　有心等哥等三年，

　　吹吹打打抬回屋。

---

① 20世纪50年代前，东郊沙河边田间里栽秧时，南岸的栽秧小伙与北岸的采桑姑娘挑战山歌对唱，极富生活情趣。

女：短命莽娃莫乱说，
哪个跟你打乱戳。（一种纸牌游戏，此借指乱拉关系）
沙河再深难留水，
大路朝天各走各。

劝学生子歌

菜子开花满坝黄，细学生子进学堂；一早就爱去，天光就下床；读书趁年轻，莫话日子长；功名系小事，爱学存天良。先爱学礼信，作揖爱恭敬；走路莫乱窜，见人就爱问；读书爱发狠，读了就爱认；读书把细听，写字爱端正。第一讲善恶，第二讲报应。读书学好人，先爱学孝顺。讲话识轻重，做事爱谨慎。读书你唔做好人，枉自中举点翰林。爱学好人恁般做，先爱善恶识得破。

劝和顺

阿鹊叫，来报喜。唔报其他喜，只报你家内外有规矩。老少有廉耻，赖子顺爷子，爷子惜赖子。家娘唔唠叨，心舅①晓尽孝。老的有家教，子孙唔拗爆，弟兄姊嫂唔吵闹。和气能生财，勤俭唔倒灶。阿鹊喳喳叫，好人有好报。

劝妇女孝友

张大嫂，李大嫂，朝朝起床你爱早，服侍公婆你爱晓。饭爱

───────────

① 指儿媳妇。

软，菜爱好，公婆餐餐食得饱。床爱炕，多铺草，公婆晡晡睡得好。纺棉花，经布草，拿异公婆做棉袄。家娘讲你莫应嘴，姊嫂当成亲姊妹。侄子外甥真心待，蒸酒腌菜样样会。又勤又俭又耐烦，唔讲闲话唔讨嫌。老的面前少过错，心舅照你样子做。

戒奸诈

丁丁猫，飞得高。虽然飞得高，也怕遇到黄金雕。奸诈人，耍精灵。虽然耍精灵，也怕奸诈得罪神。精灵唔欺人，有只好收成。精灵能救人，过有好事情。好收成，好事情，好子好孙满门庭。男好会做官，女好戴凤冠。年年买田园，老来添寿延。精灵把人欺，唔如瓜娃子有天理。

客家建筑

　　自从清朝实行移民政策以来，四川经济得以恢复和发展，各地商贾纷纷兴起建会馆之潮，供同乡人进行仪式、娱乐、接待和培养感情使用。这些会馆的数量极多，加上客家人的民居、祠堂、碉楼等，一度成为识别客家人的一种符号。

客家会馆：移民的原乡

　　随着"湖广填四川"的潮流，来自全国各地的移民接踵而至。便利的交通和市场给南来北往的商人提供了众多商机，不同地域的文化、语言及生活习惯等，成为商人之间的一种障碍。会馆作为同乡人联络感情的场所，不仅给他们提供了娱乐之地，也给他们提供了许多生意及生活上的帮助。因此，在这个特殊的移民大背景下，众多会馆在四川大势兴起。据统计，清朝时期，四川共计有会馆

▼ 客家移民会馆　余茂智摄

1400余所，这其中湖广会馆数量最多，计有477所；如果以州县为单位，会馆最多的是达县，有72所，其次为犍为、屏山、江津、西昌、荣县、云阳。①清朝的历史近三百年，也就是说，几乎每一年就有五所会馆在四川建成。据台湾学者吕实强统计，现存四川130多个州的县志中，超过100个有会馆的记载。

在成华的保和场，天后宫曾经是一个标志性建筑。来自福建的商人及同乡人，集资修建了这座会馆，这是目前为止，我翻阅大量资料后，在成华区找到的唯一一座福建会馆。

福建会馆又名天后宫，供奉妈祖塑像。妈祖也称天妃、天后、天后娘娘，历史上确有此人，她叫林默，生于宋太祖建隆元年（960），卒于宋太宗雍熙四年（987）。《三教源流搜神大全》这样描述她的降生：

> （林默母）尝梦南海观音与以优钵花，吞之，已而孕，十四月始免娩身，得妃。

相传林默只活了二十七岁，她从出生便天赋异禀，一岁时看到神像便去参拜，五岁时能诵《观音经》，长大后即用秘法为乡亲治病。她最大的神通在于对行船海事有着超凡的预知能力。沿海百姓的生产、生活都与大海密不可分，林默的预知能力自然成为百姓的福音。

林默时常乘舟云游在岛屿间，多次救起落难的渔民与商人。宋

---

① 蓝勇：《"湖广填四川"与清代四川社会》，西南师范大学出版社，2009年。

徽宗宣和五年（1123），给事中路允迪奉旨出使高丽，在海上突遇风浪，八艘大船翻了七艘，危急之时，有神女从天而降，指引航向，允迪才化险为夷，这神女便是林默。也就是从宋徽宗时开始，林默逐渐被神化，先后四十余次被历代皇帝敕封，封号也越来越长，居然有六十三字之多——护国庇民妙灵昭应弘仁普济福佑群生诚感咸孚显神赞顺垂慈笃佑安澜利运泽覃海宇恬波宣惠导流衍庆靖洋锡祉周德溥卫漕保泰振武绥疆天后之神。

日益兴起的海上丝绸之路，沟通了中国与域外的贸易，南宋定都临安后，粮食与漕运也皆依赖海上运输——无论是朝廷还是百姓，都迫切需要一位海上保护神。佛教传入中国后，并未出现与海洋有关的神灵，天后信仰便填补了这个空白，天后林默也就成了福建地区的乡土神。

明末清初，伴随着福建商贸发展的脚步，天后信仰也被带入四川，不过四川地处内陆，始终未能传播开来。福建人以善于经商闻名，富甲一方，自然引起乡邻的羡慕，认为他们的财富与天后娘娘有关，遂将其当成财神来拜，有些不能生育的妇女，也哭哭啼啼地来求子，这多少令福建商人哭笑不得。[①]

而在保和场，还有一座江西会馆——万寿宫。江西的商人在此地修建了会馆，供平时议事、接待和祭祀使用。在会馆内，供奉有神功妙济真君许逊。

许逊是东晋著名道士，传说他活了136岁，与张道陵、葛玄、萨

---

① 萧易：《影子之城——梁思成与1939／1941年的广汉》，广西师范大学出版社，2018年。

守坚同为道教四大天师。许逊少年时以打猎为生，一日在树林射中母鹿，母鹿腹中胎坠地身亡，许逊触景生情，折断弓弩，从此不再狩猎，转而攻读经史。他洞悉天文、地理、五行、谶纬，尤好神仙修炼之书，拜道士吴猛为师。晋太康元年（280），许逊出任旌阳县（一说为四川德阳，一说为湖北枝江）县令，故世称"许旌阳"。

许逊最大的功绩在于除蛟斩蛇，治理水患，道教典籍《云笈七签》如是记载：

> 洪州铁柱，神仙许真君所铸也。晋朝豫章有巨蛟长蛇水兽，肆害于人，许君与其师吴君得正一斩邪、三五飞步之术，制御万精，自潭州井中，奋剑逐蛟，出于此井，君出谓吴君曰："此井之下，蛟螭所穴，若不镇之，每三百年一度，为民之害，后来复何人制之？"役鬼神运铁数百万斤，铸于井中，溢于井外数尺，屹若柱焉。于井之下，布巨索八条，以锁地脉。自是钟陵之境，无妖惑之事，无垫之灾。[①]

江西豫章水中有蛟龙、长蛇兴风作浪，时有水灾，许逊与师父吴猛斩除蛟龙、巨蛇，并在南昌东牙城南井铸铁为柱，井下布巨索八条，以镇蛟龙，念下咒语："铁柱若歪，其然国兴，吾当复出；铁柱若正，其然永震。"晋孝武帝宁康二年（374）八月初一，许逊在南昌与家人四十余口，连家里的鸡、狗一同升天成仙，成语"一人得

---

① （宋）张军房编：《云笈七签》，中华书局，2003年。

▲ 移民会馆里的戏台子　余茂智摄

道，鸡犬升天"由此而来，他生前的居所被改建为许仙祠，即今南昌万寿宫的前身。

明末清初，伴随着江西移民迁徙的脚步，对神功妙济真君许逊的信仰也被带到了四川。根据学者蓝勇的统计，清代四川有会馆1400余所，其中江西会馆320所，仅次于湖广会馆，占总数的22%。[①]四川各地的江西会馆，大多称"万寿宫"，也有少数称"豫章宫"，取豫章郡之意。

每年农历正月二十八日是神功妙济真君许逊的诞辰。这天一早，

① 蓝勇：《"湖广填四川"与清代四川社会》，西南师范大学出版社，2009年。

赖家店的江西人会纷纷来到会馆，恭敬地给真君敬炷香，尔后杀猪宰羊，欢聚一堂，祭祀活动往往持续到深夜方才结束。每年农历八月初一的"朝拜日"，是江西会馆最热闹的日子。传说许逊这天成仙，乡民到万寿宫给他送行。农历八月是瓜果成熟的日子，乡民们还会捎个瓜果到会馆，据说这也是从江西带来的风俗。

除保和场这座万寿宫外，在龙潭寺下街上，也有一座江西会馆，这是该场镇的江西客商修建的会馆。每年除了农历正月二十八日和八月初一这两天会有祭祀活动外，平时逢年过节或者在喜庆日子里，会馆也十分热闹。请上唱川戏的班子，在会馆的舞台上演绎一番，十分热闹。

客家民居：移民史里的缩影

客家民居在中国的建筑史上，拥有极其重要的地位，其与北京四合院、陕西窑洞、广西干栏式建筑、云南一颗印同被誉为中国汉民族的五大民居。在闽粤赣一代，客家民居主要分为围龙屋、土围楼、五凤楼、走马楼、四方楼等类型，不管是哪种类型，都在一定程度上拥有防豺狼虎豹、盗贼侵扰以及防水火的功效。成华区的客家民居与闽粤赣地区的民居相通而相异。

成华客家，因地处成都平原与龙泉山脉的过渡地带，湖广文化与客家文化在此融合，形成了独特的客家民居。中原文化对客家人影响甚大，其精髓体现于客家人的建筑中。为能突出客家民居的功能性，下文暂且按照地域分为场镇上的民居和乡村民居两个部分叙述。

　　在成华区，除圣灯在20世纪50年代以后逐渐才兴起乡镇外，龙潭寺、赖家店、万年场三个地方都有属于自己的场镇史。若按街道来分，龙潭寺分为上街、中街、下街、猪市坝、米市坝等，赖家店分为上街、下街、米市坝、水街巷等，万年场则较为特殊。

　　民国年间，万年场有座白家大院，正对着今天的国美电器，后来由于修二环路才被拆除。2007年，我在采访白家八十二岁的白昆声时，他表示已经多年没有来到这里了，沉睡多年的关于祖辈的记忆与家族故事似乎又开始在其心中涌动，他说："万年场的历史，就是白家的历史，白家在万年场曾有一个大院，围着大院转一圈，要一炷香时辰。"我并不能体会白昆声对大院的感情，想来大多数成都人也与

▼ 客家民居　余茂智摄

我一样，对于万年场的认识仅限于"东郊"而已，城市的记忆已经悄然掩盖了白家的家族历史。

大约一百年前，当白家祖辈白昭懿看上万年场时，这里尚叫五显庙，因庙得名，五显庙庙小，和尚也少。白家在五显庙有田产二百余亩，遂决定修筑街房、庭院，聚敛人气，经营粮店、客栈生意，白昭懿将五显庙更名为万年场，希望生意能红火万年。

自1917年开始，在白昭懿操持下，三年后，气派的白家大院终于在万年场建成。十八间街房沿街一字排开，青瓦木梁，街沿宽阔；由一道圆形石门进入大院，正中是堂屋，供奉着祖先灵位，两边则是客栈，院后还有果园、菜园，院子里又有十八间仓库。大院是典型的客家院落结构，雕花门窗，青砖黑瓦，散发着大户人家的气息，既可经商、储运，又能居家，客家人的精明与客家建筑的紧凑得到了淋漓尽致的展现。

白家大院修成后，又有一些富裕的农民陆续来这里兴建街房，万年场俨然是一个乡场了。白昆声说，直到20世纪80年代，白家大院还留存着一部分街房与仓库，不过早已破败不堪，后来修二环路，因白家大院恰好挡在路中央，才被完全拆除。经过几十载的沧桑，这所见证了万年场历史的家族建筑最终完成了自己的历史使命。

作为一个新兴场镇，万年场并未兴旺太久。万年场修成后的第二年，白昭懿还未来得及搬进去，一起绑架案就打乱了白家人平静的生活。白昭懿觉得可能正是万年场的大院引起了匪徒的注意，从此，他对万年场的生意心灰意冷，径直搬到了成都，大院留给了大儿子和一些亲戚居住。绑架案的阴影似乎也影响到了万年场的风水，由于距离青龙场、牛市口、龙潭寺等场镇太近，万年场的生意始终冷冷清清，不到半年就垮了。

而在龙潭寺和赖家店场镇上，民居主要以四合院为主，主要街道将两边的民居左右分开，临街的布局基本以铺面为主，铺面往里面走为后院，后面大多以小型四合院为主，天井位于其中，两边各为厢房、厨房等，院中一口水井，提供一家人的生活用水。再往院子后面走，会有一道门，直接通往院子外面，这个区域常会有猪圈、鸡圈、厕所等。继续往外是粮田，大多为户主所拥有，人们在地里种植一些蔬菜瓜果，供自家人食用。有些经济条件稍微差一点的住户，其铺面没有用于经商，而是作为住宿使用，饭厅、卧室等，都居中于此，再往里走没有院子，直接为厨房和厕所等，接着外面就是田地。这两种民居，在场镇上是最为普遍的，但也有较为特殊的民居，从布局来看，不仅体现着家族的经济实力，更体现着客家人的建筑在防御功能和实用功能上所下的功夫。

据从小就住在赖家店的杨光福先生回忆，有一户姓谢的大户人家，主要以卖肉为生，后院中有一口古井常年水源不断，夏天时因为井内温度低于室外，谢家便在古井上面做一支架，将鲜肉悬吊至井内进行保鲜，让猪肉在不能及时销售时，依然保持新鲜，因此他家的肉深受广大消费者喜爱，生意做得红红火火。日复一日，年复一年，当谢家经济实力逐渐壮大时，他们也被棒老二盯得甚紧。因此，谢家开始在自己的房屋构造上下起了功夫。

从商铺进去，谢家的院子分为前后两院，各有天井，是大户人家中常见的规模。为了防止棒老二抢劫，谢家在院子的厢房里做了层层防御机关，不仅增加了墙的厚度，还在屋顶的天花板上做了结实的楠竹吊顶，防止盗匪从房顶揭瓦而入。同时，房间里面也设置了暗房，布满机关，层层防御，让其家人与家产，都得到了有效的保护。

谢家的房屋构造，不禁让人联想到闽粤赣地区的围龙屋、土楼等建筑，这些建筑的布局，除了遮风避雨这一基本功能外，更多的则是防御功能。从晋朝第一次大型迁徙以来，与所迁入地区的本土居民的摩擦，盗贼的侵扰、土匪的纵横、战乱的困扰，让客家人不得不考虑增强防御这一功能。然而，在四川地区，却很少有如土楼、围龙尾这样的建筑，这又是为何呢？

早在"湖广填四川"时，四川刚经历过灭顶之灾，清政府为恢复经济和社会秩序，在四川全面推广扶民政策及移民政策，客家人紧随而来，属于政策性移民中的重要部分。当时的四川已经逐渐安定下来，呈现出一片祥和之景。客家人移居四川以后，少有受到战乱的困扰以及土著居民的严重排斥，所以在建筑上，其防御功能逐渐减弱。随着清朝末年社会的动乱及战争的困扰，土匪恣意纵横，客家人又开始在自己的房子建构中注重防御功能。

而在乡村地区，客家民居因地理位置、经济实力等原因，呈现出的建筑风格与场镇上的民居大有不同，且形式多样。在客家人中，有着"逢山必有客，不客不住山"之说，即客家人喜欢住在山里，这不仅与他们迁徙之地的地理环境有关系，且与他们抵御外敌有着必然联系，同时，在山里可以靠山吃山，使生存又多了一份保障。

客家人在修建房屋时讲究风水，修建之前对于择址十分重视，大多会选择依山傍水的地方。此外，还会考虑用水、防火、防灾等功能。中原地处中国北方，修建的房屋只有面向南方，才能晒到更多的太阳。成华地区位于北纬30°左右，依然需要考虑阳光照射角度，所以客家人在修建房屋时，都会考虑朝向问题，坐北朝南是最为普遍和基础的一种做法，但是客家人的风水观念也会根据实际的择址而有所变通，龙脉、风向、水源、地质灾害等，都会被纳入定址的因素之中。用自然界的材质修建房屋，又将房屋置身于自然之中，两者完美融合在一起，达到天人合一的和谐之美，是客家人及中国古代建筑中所追求的最高境界。

成华地区的房屋建筑中，主要以黄土为墙，青瓦为顶，窗户、门、横梁、家具等以木质材料为主。除此之外，一些家境较差的人家，也用一些稻草秆或者竹篱笆为墙，十分简陋，随着经济的好转，逐渐扩建和改善自己的房屋。这不仅仅是在成华区，在整个四川乃至中国，都有这样的现象。

沙河流域外侧的浅丘地带，大多属于黏性较强的黄土地，在还没有烧制土砖的年代，这种土壤是用于造墙的一种较好材质。客家人未迁徙前，由于地处北方，风沙较大，从那时起就开始利用土壤这一优势夯土造墙，起到冬暖夏凉的作用，所以，这一造墙的方式，也一并随之迁徙到了成华区，并成为一种较为常见的墙体。土墙厚度大约60厘米，高度大多3米至6米。讲究的客家人，会在楼顶用木板搭建阁楼，用以住更多的人。

在成华地区的客家民居中，有四合院、单排房、围绕宗祠而建的群居房等形式。在修建的过程中，他们会将中原地区的建筑文化融入其中，如主次分明、左右对称、南北中轴等讲究，然而成华的绝大部分区域，都属于浅丘地貌，地势高低不平，在设计房屋的过程中，他们也会根据地理环境，设计出上下结构或者前低后高的房屋，将中原传统文化中的建筑风格与讲究和房屋的实用价值融为一体。不管是哪种造型的房屋，他们都会尽量在屋前修建一处水塘，从风水来看，这不仅是一种聚气聚财的象征，更是客家人储存水源的一种方式。

客家老人李明英与其丈夫胡大志一起在龙潭寺生活了几十年，因为丈夫胡大志以前在铁路局开蒸汽火车，所以他们在家境上稍微比其他邻居好一些。她生长在这个地方，对于自家的房屋，聊起来也是滔滔不绝。在拆迁以前，她家的房屋为四合院，房子方方正正，从大门进去，正对着的那间房子为堂屋，主要用于供奉祖先及吃饭、接待客人等使用；堂屋的左右两边，为老人的卧室；大门的左手边是厢房，主要供孩子们居住；右边则是堆放货物的杂房、厨房等，再往下走，是猪圈、鸡鸭圈等牲畜的房子。整个院子中间，是口很大的天井，一口古井打在院中，提供全家人的生活用水；到了晒粮草的季节，院子就是一个晒场。在此之前，李明英也曾提到自家最初住的只是草房，经济条件稍好后，才修建了这处房子，再后来又开始修建砖房，最后住进安置小区。时代在变，人们居住的环境也在不断改进，对于客家人来说，这也是一种生活进步的象征。

成华地区稍微平缓一点的地方，民居又是另外一番景象。在沙河流域的跳蹬河外侧，曾经住着一个大型的家族——冯氏家族。因为这支客家人人口众多，那里也被当地的人们称为冯家坝。在成华区，因为一个家族或者一个姓氏命名的地方不少，如范家坝等。

冯氏家族因为人口众多，房屋规模也较大。冯家大院是周边人群

▲ 客家民居里的小天井　余茂智摄

对该氏族房屋的统称。冯家大院为典型的大型四合院，院子正中为祠堂，祠堂两边为长辈居住的房屋，左右两边则为厢房。这是冯家大院最早的样子。

随着后辈子嗣逐渐增多，院子里的房屋越来越不够大家居住，子孙们又围绕着院子在外围修建房屋，构成了里外院子，整个大家族以祠堂为中心而群居，具有强烈的凝聚力与向心力。而后，随着人口越来越多，外围的院子也不够居住后，人们又挨着院子在周边修建房屋，始终不离祠堂，这体现出了客家人集体群居的习惯与强大的家族意识，也是客家人千百年来迁徙中始终保有的一种团结精神。这样的大院，也吸引了一些外姓人来这里依附居住，也许这也是在寻求一种集体的互助。

据冯家大院的冯大姐回忆，小时候，她与兄弟姐妹和其他小朋友在院子里捉迷藏，时常会因为院子太大而找不到人，有一次，因为其中一个小伙伴躲得太久，最后大人一起寻找，找了许久才将其找到。这件事，她至今都还记忆犹新。

冯家大院是一处规模宏大的青瓦房，虽说离沙河不远，但由于地势较高，临河缺水的现象也时有发生。每年开春后的农田灌溉，是冯家大院的一件麻烦事。院子位于六队和七队之间，长春沟与凉水井下来的鸡头河流经冯家大院旁边，每年两个队都会因为争水发生口舌之争甚至大打出手，这个问题持续到东风渠通流，才得以解决。

而今，冯家大院早已在成华区的改建中被拆迁，周边的民居也是零零散散的不成体系，院子中的人早已搬迁至安置房中，有些进入工厂，有些从商，还有些读书成为公职人员。冯大姐所说的捉迷藏和争水的故事早已不存在，唯有那棵老榆树，还依然存活在那里，成为冯家大院曾经辉煌的见证。或许有一天，这棵树也消失以后，冯家大院在人们心中的印象也会逐渐消失，而后辈们能够了解到的，只是在家谱上的记录。时光总在流逝，冯家大院和冯家坝这两个名字，在成华区的老地图上依稀可见，而这一家族的客家人，始终在不断向前。

除了小家庭的四合院和大家族的群居四合院，成华区还有着许多其他类型的房屋建筑。这些民居大多为近代所建，砖瓦结构，一般以群居的方式，并排或散开而建，也有一些客家民居单独建立于山坡或者马路边上。建于山坡上的，部分是因为土地的便利或者风水之需；建于马路边上的，则更多是考虑到交通的便捷，无论是要出门，还是要做点什么小生意，都是一处不错的选择。不管哪种房屋，都会考虑是否有暗流，是否与对面的什么山、沟等发生冲突等。

近些年的客家建筑，除了在建材上以土砖代替土墙外，窗户的结构也从原来的雕花木窗改为了玻璃，唯有房顶上的宝顶，成为客家建筑中的保留特色，供人们欣赏与甄别。客家人最早来自中原，他们对中国传统建筑中的美学思想运用得极其到位。

客家人屋顶上的宝顶，大多呈飞檐式，两边向外翘出，家境好的人家，会在上面镶嵌一些花鸟虫鱼、飞禽走兽等，一般由瓷片制成，显得富贵而典雅；家境较差的人家，虽不能镶嵌各种富丽的装饰物，但其用青瓦搭建的造型，简朴而不失风韵，也很讲究。

▼ 曾经的冯家大院旁边，两个小孩在还未拆迁的老街道上玩耍。　朱玉霞摄

在整个成华区的客家建筑中，还能够直接体现出闽粤赣客家地区的建筑风貌的，唯有当年客家碉楼还未拆除时的客家民居了。这类民居大多为土墙结构和土砖结构，以一个村落或者一个片区为单位，有些位于大路两侧，有些则位于视野较为开阔的丘陵地区。为了防御土匪的抢劫与攻击，家境好的人家在自家的院落里修建四方形状的碉楼，将居住的房屋与碉楼结合为一体，作为一种防御性建筑使用。这样的民居周边，一般住有同姓的族人或者外族人，不仅可以起到共同抵御敌人的作用，还可以相互照应，体现出客家人的团结精神。而今，这样的民居在成华区已经消失，唯在牛龙路边，还存有一座四方碉楼作留念。

随着城市化的进程，成华区的客家民居已经越来越少，但对于客家人来说，这也是一种生活进步的体现，以前的土墙、土砖等房屋，虽说在不断改进，但都有相应的不足。如今，成华区的许多安置小区里，依然住着众多客家人，他们有些来自独栋四合院，有些来自如冯家大院这样的大家族，也有些来自近代的小民屋，但不管怎样，这里都是一个美好的延续，不仅改善了客家人的生活，也包含了他们对未来生活的美好向往。

范家祠堂：客家祠堂里的"幸存者"

　　客家人一直注重尊奉祖先，所以对祠堂极为重视。

　　在成华区龙潭街道威灵社区六组，有一处被人们保护起来的范家祠堂，现为成华区区级文物保护单位。为能一睹其芳容，在一个稍有微风的夏日清晨，我驱车走进范家祠堂。

　　由于城市建设的发展，范家祠周边的农舍已经被全部拆除，只剩

▼ 如今，范家祠堂的四周已经高楼林立，唯有这院坝里晒的棉絮最具有生活气息。
　　朱玉霞摄

下这座祠堂在荒坝中独屹着。老旧的小青瓦屋顶，在已经长高的野树杂草中冒出了尖，若不是社区的工作人员领路，想必外人还是很难找到的。

一位姓李的大爷在这里守着祠堂，他的妻子过来探望时，将床上的被盖、凉席等全部翻出来晒在祠堂外面的院子里，这情景，跟普通的农家无异，虽说此处在1998年时就已经被纳入文物保护单位，但因为此处曾经住着一户农家，直到2016年才搬迁出来，所以，眼前此景还能让人们从另一个角度感受祠堂的烟火气息。

待介绍完身份，李大爷拿着钥匙打开了祠堂的院门，并一再地叮嘱，前日他发现了两窝很凶猛的马蜂，千万要小心它们，谨防被叮咬到。

进入大门的一刹那，我眼前便一亮，一座规整的四合院展现在面前，上午的阳光斜照进天井，映在古老的雕花木窗上，显得格外突出耀眼。这是一座典型的四合院建筑，坐北朝南，以前共有左、中、右三个院子，穿斗式砖瓦结构，悬山顶，房顶上铺灰黑色小青瓦面，而今仅仅保留有一个院子，即祠堂这一院子。

祠堂分为上厅和下厅两个部分，其中上厅面阔三间，计13米；进深三间，计6.5米；房子的高度均为5.9米，檐高3.7米，皆为抬梁式梁架。下厅面阔三间，计13米；进深三间，计5米；高度为5米，檐高为2.95米，为悬山顶结构。在客家建筑中，四合院的修建不仅需要因地制宜，也需要考虑建筑的结构性，他们的四合院一般会有一种错落感，这种视觉感受若在山区会特别明显，即上厅要比下厅高出一部分，若是在平坝地区，则视觉的冲击力较弱，但下厅必须比上厅矮

► 范家祠堂里面的雕花
门窗　朱玉霞摄

一点点，置身范家祠堂的天井中，会有明显的上下、主次之分。

　　现今，祠堂已经没有了当年香火旺盛时的情景，但通过其建筑的细节，也可以看出当年范氏家族的家境情况。

　　因历史的变迁，现今祠堂里面已无神桌及牌位等供奉之物，但神桌顶部房梁上的装饰之物，依然展现着当年工匠精湛的雕刻技艺，吉祥的动物、龙凤、花鸟等栩栩如生，上面所镀的金粉依然光彩夺目，在历史的沉淀中，经典之余，更增加了艺术的厚重之感。几根用大树筑成的房柱支撑着大堂里面的房梁，脚下各垫一块六边形的石头，庄重而牢固。

　　祠堂的墙面为就地取材。东山地区为黄泥巴黏性土壤，适用于修建房屋，所以祠堂的墙面，也由黄泥巴、稻草秆及糯米等材料混合而成。除去整体结构，祠堂上厅正面的雕花木门与木窗不仅从装饰的角度来说十分美观，还便于屋内透风、采光。两扇木门对开而立，镂空的雕花显得简约大气，而两旁对称的花窗，则稍显玲珑秀气。竖体式的长方形花窗均为对称结构，四角雕刻有蝙蝠，雕格间还镶嵌有牡丹、荷花等吉祥之物。兰草、祥云等吉祥之物雕刻在牛腿上，精美、细腻，栩栩如生。

这座范家祠堂始建于清乾隆五十二年（1787），后因祠堂破旧，于清嘉庆二十五年（1820）改建一番。据《范氏族谱》记载：该祠堂为宋代范仲淹的后人范壁所建。范壁，字对扬，是这支范氏的上川始祖范钦若的第四个儿子。乾隆六年（1741），范钦若带着自己的大儿子范金和小儿子范玉先行上川，三儿子范璋及四儿子范壁等，后相继入蜀。范壁在西蜀发家致富后，将自己原有的土地赠送给兄长，带着母亲、妻子、六子重新修建房屋和祠堂，于乾隆五十二年（1787）正月正式完成。范壁召集子孙订立家族的烝尝规约：

> 余年已六十六矣，兄弟嫂娣，无一存者，惟留此衰朽之身。硕果不食，亦安用哉？余所重念者，生尔兄弟六人，惟五男云程与其季云从业儒，余皆力田。去年秋，亦幸见云从入泮。余思人生处世，非耕即读，求富求贵，两不相悖也。但兄弟终有析居之时，得毋各课其私，以至痛痒不关，情意疏远乎？此烝尝之田，余所必立也。自立之后，使人皆知重本原，睦宗族，慈卑幼，志功名，务勤俭。达之天下，道不外是矣，盖亦义田之遗意云尔。勉尔儿曹，当思成立者难于升天，覆坠者易如燎毛。今兹之田，试问何自而来乎？嗟呼！桑榆暮景，爱莫能助。言有尽而意无穷。惟愿尔曹箕裘永振，无改父道则幸矣！

这座古老的范家祠堂现在已面目全非了，但关于其原貌，在《龙潭乡志》上还保留有详细的记载：

> 始建于1787年，在1820年又改建了上栋、堂屋、南北二厅、厨房等。建筑结构以青砖、石头、木材、小青瓦而成，灰粉摩面，石足泥迹，雕梁画栋，填彩挂红，工艺精美。屋栋板壁，作栋精细。中栋正溯雕聪花，内装雕梁画柱。门窗门额油漆彩绘贴金。两扇红毫朱砂大门，对青石狮坐两边。大门上方写着"范氏宗祠"贴金大字匾。大门左右木刻贴金对联：左方是"晋国大夫第"，右方是"宋朝宰相家"。南北二厅为木制装修刊刻楷书范氏宗约、条例和祠堂誓约。正堂金匾是"壁公祠"，正中祖牌为"范氏堂上历代先祖"。左右两旁为对扬公夫妇画像，对联，宫灯，富丽堂皇。

现今祠堂里保存下来的物件已经很少，除基本结构和部分木质的装饰物品以外，就只剩下范氏宗约、条例和祠堂誓约等，依然刻写于墙上。

李大爷领着我从祠堂出来站在外面的院坝里，指着整个屋顶说，你看这里有很多的烟囱，皆为以前范氏家族分家时所建立的厨房。这样的烟囱，在许多家族中都很常见。"湖广填四川"后，客家人举家迁徙入川，而秦汉以来，四川就有"人大分家，别财异居"的习俗，客家人来到四川后受其影响，也因为土地面积、人口数量等原因，共同造成了客家人在四川分家的现象。

这日天气十分炎热，在看完祠堂离去的途中，我在一处工地旁边的小卖部买了一瓶水小坐休息。闲聊之中，发现老板葛氏是最后从祠堂里面搬出来的居民。他说："20世纪50年代开始，范家祠堂就作为村上农委的办公室使用，后又改为学校，学校迁走以后，依然作为村上的公共财产保留在那里。20世纪80年代，葛家有四个兄弟，因为自家的房屋不够居住，又申请不到宅基地重新扩建房屋，所以其父亲就花费六千五百元，买下了范家祠堂。"

葛氏小两口搬进去后，主要住在下厅的房屋里面。葛氏的妻子回忆，因为房屋是老房子，修建的年份已久，家里经常出现一些灵气之物，打开衣柜，有时会听到"沙沙沙"的响声，轻轻翻开衣物一看，是蛇在里面。因为有这些灵物守护着，家里的老鼠倒是少了许多。

葛氏小两口于2016年从祠堂里搬出，在其居住的近三十年里，每年都会对滑落的屋顶瓦块进行修葺，在雨水多、墙体被冲坏时，他们也极力进行修复。在祠堂还没有被申请为文物保护单位前，曾经有位商人来家里做客，看见下厅里面有两对石头雕刻的和尚，一度想要说服他们将其卖出，但两口子无动于衷，文物最终得到了保存。这座祠堂之所以还能保存得如此完好，这小两口功不可没。

威灵社区的工作人员介绍，这座祠堂为范家的老祠堂，在祠堂的不远处，还有座范氏后人新修建的范家祠堂。祠堂里面，也保存有一些从老祠堂拆下来的文物，这些物件，在历史的变迁之中都经历了种种波折。

20世纪50年代，范家祠堂已经无人管理，范氏后人范达才的父亲在夜里悄悄将祠堂大门上的对联"晋国大夫第，宋朝宰相家"取回家里，并私藏于隐蔽之处，几乎很少有人知道，最终得以保存。

范氏后人范文书家中，曾经也保留了一张祠堂的神桌。据介绍，1951年土地改革的时候，范文书作为贫困农户，拥有分公共财产的资格，所以他将神桌要了回来，最终保存了下来。而范家祠堂中的牌位，也被范氏后人范文镐保存了下来。当年他从祠堂悄悄将牌位带回家中后，密藏于房子外面的草屋中，很少有人知道。

在客家礼仪之中，绝大多数的客家人会将喜事或者其他重大之事放在祠堂中进行，祠堂作为一个家族的中心，是凝聚整个家族的一种象征。在范氏的各种大喜日子中，均会请出牌位，在祠堂里用以祭祀和叩拜，以示后人不忘先祖之意。

而今，范家的各类祭祀仪式都已转到了新祠堂，替代了这座老祠堂，但老祠堂外侧的那一口古井依然保存着。古井修建于清朝时期，深约9.3米，内径0.53米至0.62米不等，井身由条石砌成，水质清澈、甘甜可口。

若不是时间关系，我很想打一桶井水，泡上一壶清茶，静坐于外院坝中，细细品味这座古老的祠堂之美。近处的杂草泛滥丛生，远处的城市不断扩建，一个家族、一座城市、一段历史，成为一段回不去又尚未完结的故事。

成华碉楼：动荡年代的自卫与抵抗

　　说起碉楼，总会让人联想到川西高原上的丹巴藏寨、中路藏寨、松岗藏寨等，这些藏寨中都保存着完整的碉楼建筑。提起成华区的碉楼，在许多老人的记忆里，已成为一段抹不去的历史；而在众多后辈及年轻人的脑海里，碉楼并无印记。成华区的碉楼究竟长什么样呢？是否也像川西高原的碉楼一样高耸入云、气势恢宏呢？

　　在成华区，现今还保存着一座完好的碉楼，我决定去一探究竟。碉楼位于牛龙路上的向龙村里。20世纪50年代前，该村共有三座碉楼，其中两座为客家人钟禄元和钟继昌所有，另外一座为客家人蔡氏所有。这三座碉楼分别位于牛龙路两侧，主要用于防御土匪等。1990年，成华区建区改建，将这一带从金牛区划归成华区，三座碉楼被拆毁两座，钟氏宗族的其中一座被成华区列为重点文物保护单位，保存至今。

　　5月的成都刚好下过一场大雨，空气清新。我沿着牛龙路寻找这座碉楼，导航信息在铁路边上消失，四周景象有些荒凉。年复一年的轮回让那些肆无忌惮的野草、野树、野藤蔓等，将这里渐渐装扮成一处荒野森林。一座砖瓦结构、青瓦房顶的客家建筑掩映在丛林中间。旁边的侧屋内，一条小花狗慵懒地晒着太阳，守着那些待售卖的河沙，但似乎主人不在，留下很大一个招牌，用红色油漆写着他的联系电话。这座房子的房檐和宝顶的特征比较明显，我也有些疑惑，这就是传说中的那座碉楼吗？但这似乎不是我想要的答案，它平凡到几乎与普通民居无异。于是我决定在四周进行一次探察。

　　八十岁的张大爷刚好路过，见我似乎在寻找什么，同我交流起来。他说："八年前我的子女在对面买房后我就开始居住在这边，但没有见到过你所描述的碉楼，不过不远处有一位医生是当地的客家人，应该会比较清楚。"

▶ 客家碉楼
　　成华区文体旅局提供

于是，我在一条20世纪90年代修建的街道上，找到了那位叫胡庭安的医生。医生祖辈行医，常年居住在这个村里，今年已有七十四岁。他说小时候去过碉楼那边玩耍，钟氏家族的一个女儿与他年龄相仿，但拆迁以后，就不知道这一家子搬迁到了哪里，一直没有联系，也没有来找过他拣药。那座碉楼现在已经成为文物，依然保存着。

与医生交流结束后，我又顺着来时的路折回去，一路走到让我疑惑的那座房子边。我再次顺着废弃的小路进入到丛林深处，除了荒野和废砖，没有一座完整的建筑可供欣赏。这个季节的东风渠，水位依然较高，几位退休的老人在渠边钓鱼，刚好从他们身旁走过一群当地人，我去问时，他们一边用客家话说着一边用手指向右前方，告诉我说："通过铁路，然后上坡上去，就在铁路边上。"我听得云里雾里，他们又用四川话给我说了一遍，我才全然明白。仔细一想，那里刚好也是我遇见张大爷的那个地方。

铁路从牛龙路上跨过，周边则为一片荒野。雨后的阳光显得尤为刺眼，似乎是接近黄昏的原因，那些花蚊子开始躁动起来，麻雀也在苟树上叽叽喳喳地忙个不停。正当我快要放弃时，突然听见一阵砍伐的声音，顺着声音寻去，一位白发苍苍的客家老人正在密林里砍伐竹子。当我问她那座碉楼的所在地时，她用低沉的声音向我说道："就在这里。"

抛开那些铺天盖地的葎草，我踉踉跄跄地进入竹林，顺着老人所指的方向，在林子尽头见到了那座传说中的碉楼。这时的它如一位隐居在荒野的老人，不惊不诧、沉稳端庄。

这是一座四角的碉楼，坐北朝南，修建于清朝晚期，歇山屋顶，

9.550

7.600

4.780

2.240

±0.00

灰塑脊
小青瓦屋面
白粉墙
围
围
水泥石棉瓦

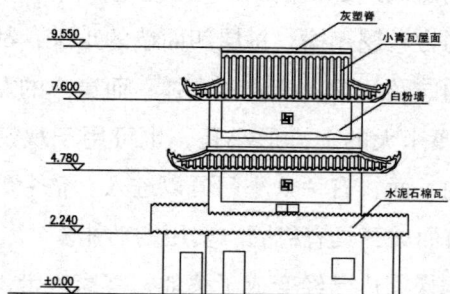

客家碉楼正立面图

0m 1m 2m 4m

▲ 客家碉楼正立面　成华区文体旅局提供

▼ 客家碉楼侧立面　成华区文体旅局提供

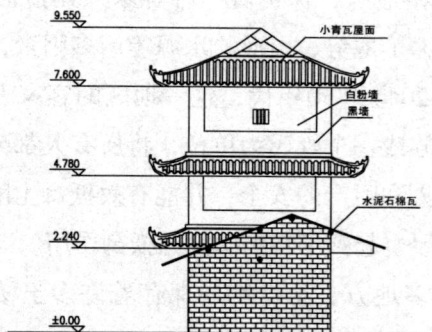

9.550

7.600

4.780

2.240

±0.00

小青瓦屋面
白粉墙
黑墙
水泥石棉瓦

客家碉楼侧立面图

0m 1m 2m 4m

小青瓦屋面，占地面积约200平方米。碉楼通高约10米，总共分为三层，屋檐的四角均为卷翘雕檐，每层四面墙的正中，都有一个小型窗户供观察敌人的动向及放置机枪或者炮弹，而窗户的左右下角，还分别开有边长约10厘米大的正方形小孔，也可用于观察或者当枪眼使用。在碉楼底层的一面，有一个小门可以进入。整个碉楼的墙面由黄土和稻草混合夯筑而成，具有稳固、实用的功能。

拆迁以后的碉楼周边已经变成了菜地，客家人带入四川的辣椒、魔芋等蔬菜，一坑一窝，整整齐齐栽种于碉楼旁边，茂盛的芭蕉树、枇杷树，野生的葎草、小蓬草、水麻等，与碉楼形成鲜明的对比，仿佛在诉说着这个家族曾经的故事与传奇。

在整个中国，客家碉楼并非只存在于成华区，东山地区及整个四川、闽粤赣等地，都存在过碉楼，有些甚至保存至今，它们因地理地势和区域文化的不同，存在着相通又相异的特征。

现今的闽粤赣地区，保留着一种客家人建造的围屋，人们在选址修建房屋时考虑了地势、山形、水源等诸多因素，其中安全因素甚为重要。明朝至20世纪50年代，这一地区的客家人常受土匪困扰。围屋多以一个家族或一个姓氏为单位，将所有人都聚集起来居住在里面，利于保护家人和财产的安全，并能有效抵御土匪的侵袭。抗日战争时期，这种围屋也起到了特别明显的抵御作用。

在福建的许多地方，至今都还保存着许多土楼。这些土楼或呈方形，或呈圆形，里里外外分为几层。在战乱及土匪纵横的年代，土楼不仅是人们的家园，也是人们捍卫家园的城堡。明朝万历元年（1573）的《漳州府志》中，曾这样记载道：

嘉靖四十年以来，各处盗寇发生，民间团筑土围、土楼日众，沿海地区尤多……龙溪县土城三、土楼十八、土围六、土寨一；漳浦县巡检司土城五、土堡十五；诏安县巡检司土城三、土堡二；海澄县巡检司土城三、土堡九、土楼三……

这段描述道出了民间的"城堡"纷纷建起的原因，主要还是在沿海一带作为家园和抵御土匪、贼寇使用。明末清初的"湖广填四川"中，上川的客家人将这一建筑原理和技术一起带到了四川。

早在秦汉时期，碉楼就已成雏形，那时叫作"角楼"或者"望楼"。发展至唐朝时，李贤用"碉"来指称这种建筑。"碉楼"一词，则成为建筑形体与防御功能相结合的一种主体建筑。根据其使用功能，碉楼大致可分为众人楼、更楼和屋楼三种，众人楼即为村民多户或全村集资修建；更楼大多修建于地势较高、视野开阔的山冈之上，四周村落相邻，这种楼全天二十四小时都有人值守，一旦发现敌情，则敲锣打鼓、释放狼烟或鸣枪示警；屋楼则是贫富差距拉大以后的一种产物，主要以家庭或家族为单位修建。人们将碉楼建于自家院中，大多数与房屋连接在一起，成为集居住与防御功能为一体的乡土建筑。

成华区现今保存的这座碉楼就属于屋楼这一类型，它的建筑风格与川西地区的碉楼大不相同。在碉楼的外形设计上面，它沿用了闽粤赣地区的建筑风格及审美需求，并与民居结合在一起，形成了自己独有的建筑特色。

20世纪50年代以前，碉楼在现今的成华区域内并不少见。据原金牛区文化站的摄影师傅长生先生回忆，保和场的三砖厂地区并非属于平坝地带，而是缓坡地貌。为防范从龙王庙等地而来的土匪，经济条件较好的居民纷纷建立起碉楼，一时间，这一片耸立起许多碉楼，且具有燃烧烽火的功能，人们一旦发现敌情，就点燃狼烟或敲锣打鼓告知周边的居民进入备战状态。中华人民共和国成立后，碉楼也就成为一道风景，安静地矗立于山坡，失去了它原有的战略价值。由于这一带的土壤特别适合烧制土砖，东郊及沙河等地又刚好纷纷开始建立工厂，需要大量使用土砖用以建设，这片区域就陆陆续续建立起砖厂，就地取材大量烧制土砖。土壤被大规模利用，缓坡逐渐被挖为平地，周边的部分居民也因建设需要进行了统一搬迁，有些住进厂房成为工人，有些则搬迁至其他地方，而曾经屹立在山间的那些碉楼，也随着拆迁逐渐消失。

20世纪50年代以前，现今的圣灯地区保存有十三座碉堡，后被拆除；保和的东升六队、七队以前也有碉楼，后因为修建铁路而被拆除；龙潭寺区域的长林盘村，原来也有许多碉楼，后被拆除；现今的新华公园后门，也曾经有一座客家碉楼，后在城市建设中被拆除。如今，整个成华区仅留下牛龙路上的这一座碉楼，为客家人保留了一份记忆，同时也为广大客家建筑研究者及客家历史文化研究者，留下了一处不可多得的建筑文物。

客家美食

　　明末清初，不同地方入川的移民都纷纷带来了自己家乡的饮食习俗。为生活所迫的囤菜、迁徙路上意外发明的豆瓣，以及商贾所传承的羊肉、烟熏卤鸭子、姜汁鸡、酿菜等，都属于客家人的特色饮食。而他们所带来的茉莉花，与四川的茶叶相结合，发展成了川茶的代表产品之一，这也是客家人与四川地区最具风味的一种融合。

姜汁鸡：四川与岭南的美食对话

客家人的许多家庭都会做姜汁鸡这道菜品，其所蕴含的妙趣，不仅仅体现于可口的味道中，还体现于独特的做法上。这道美食的制作工艺，包含着客家人对美食养生的研究。

姜汁鸡，顾名思义，即以鸡肉为主材，用生姜做主要配料的菜品。在四川地区流行着"冬吃萝卜夏吃姜"的说法，这句话不仅说明萝卜与姜都属于时令蔬菜，也体现着冬夏两季的养生技巧。在四川和闽粤赣地区，生姜是每家每户一年四季都必备的一种食材。

姜汁鸡来自闽粤赣地区，那边崇山峻岭，瘴气较重，长期居住在里面的客家人，常会受湿寒困扰。生姜具有去腥调味、祛湿赶寒、促进血液循环等功效，将其用于菜品中，不仅可以起到调味、去腥等作用，还可以在一定程度上起到祛寒湿的功能。鸡肉本身属于温补之品，两者相互融合，是养生的佳品。这道菜因此受到客家人的喜爱，并普及到家家户户。四川虽地处大陆深处，却受地理环境的影响与闽粤赣地区的湿润气候相似，所以，姜汁鸡在四川的客家人中也受到了欢迎，得以传承。

客家人善于农耕，家里所吃的蔬菜大多由自己种植。生姜是他们种植地中必不可少的农作物之一，或大片种植，用以售卖；或在自留地里种上几行，供自家食用。每年夏季，生姜在地里长出又白又嫩的仔芽来，清香、脆嫩，不管是用于炒肉，还是用于制作泡菜，都十分受欢迎。四川夏季雨水偏多，空气湿度偏高，在此季节吃姜，对身体可以起到很好的祛湿驱寒的作用。夏季过后，仔姜开始在地里慢慢长老，待到秋末冬初时，人们将生姜连同姜秆一起拔起，将老姜刨出晒干、储存，供接下来近一年的食用。

对于生姜的储存，客家人也有一套比较实用的经验，他们将生姜从地里刨出，剪掉茎叶，放进笆筛，置于通风干燥之处。生姜上面的泥巴在干燥之后，会掉落一部分，剩下的一些顽固泥巴，则依附于上面。客家人并不会把这部分泥巴用水冲洗干净，而是留它在上面，对生姜起到一定的保护作用，待到要食用时，才用水洗净。

姜汁鸡作为客家传统宴席中的高档菜品之一，其做法不算复杂，但要做得美味，细节也很重要。客家人在做这道菜之前，会选用上等的老姜作为原料，洗净之后用刀将其拍烂，然后以清水、葱和黄酒进行泡制，从而形成姜汁。而鸡肉，则选仔鸡为好，将其放入温水里，慢慢煮熟，捞起，待鸡肉稍稍冷却后再切成块儿，淋上提前制好的姜汁，这道看似简单又极为讲究的姜汁鸡就此大功告成。

四川人吃东西具有"尚滋味，好辛香"的特点，在辣椒进入四川以前，生姜是辣味的主要原材料，客家人的这道姜汁鸡，吃上去口味清淡，但清香之后也微微带着生姜的辣味，是一道完全可以被非客家人接受的独特美食。许多食客都误以为闽粤赣地区的食物都如广东菜一样没有辣味，且以甜食为主，其实这种说法是不确切的。

2017年5月，我随一客家朋友回广东，为表示热情，他特意邀请我和几个同行的四川朋友吃他的家乡菜——南雄菜。"以名意形"是人们对事物的一种主观认知，南雄这个名字让我想到了野味，但现实

▶ 温鸭子餐厅改良版的
姜汁鸡——热窝鸡
牟春摄

中我们吃到的却是比川菜还要辣得过瘾的本土特色菜，辣是南雄菜的
主打味。据朋友刘火贵介绍："南雄菜就是以辣为主，且如四川人的
火锅一般分微辣、中辣和特辣三个等级。"在广东的那个星期，我们
总共吃了三次南雄菜，将三个等级吃了个遍，出生在四川盐帮菜故乡
的我，却在吃到中辣时已经甘拜下风。

　　南雄市作为闽地的客家山区，也是"湖广填四川"时的移民大
县，在他们的农事中，种植辣椒是必不可少的，尤其以朝天椒最为
出名。虽说南雄市很少有人做姜汁鸡这一道菜，但在靠近广东土著
居民的地方，也是有这道菜的。由此看来，喜好辛辣这一现象并不
只是四川才有。人们虽相隔千里，因一些相似的自然条件从养生的
本性中寻找到了相似的感觉，这些细节，在"湖广填四川"中有着
微妙的体现。

　　由于以前经济条件有限，姜汁鸡这样的美食大多只有在逢年过节
时才可以吃到，所以，这道菜在客家人心中是有重要地位的，入川后

的三百多年里，它就像一道必不可少的菜品，在客家人的饮食习惯中打下深深烙印，成为一道传承之菜。

而今，随着人们生活水平的提高，姜汁鸡不只是在逢年过节时才吃，人们在家庭聚会和宴请中，都会将其作为必点之菜。为了适应更多人的口味，一些川菜厨师或者酒楼将这道菜进行改良，在佐料中加入辣椒、花椒等，以提高菜品的色泽和口感，这道改良版的菜被叫作"热碗鸡"或"热窝鸡"，是川菜中的一道精品。

啖三花：客家人对花茶的贡献

四川作为茶叶的产地之一，历史悠久。花茶是花与茶的结合物，自古以来都受到文人雅士的喜爱，对于普通老百姓来说，则为饮品中的奢侈之物。早在明朝时期，孔迩就在他的《云蕉馆记谈》中记录道：

> 取培江青虫麻石为茶磨，令宫人以武隆雪锦茶碾之，焙以大足县香霏亭海棠花，味信于常。海棠无香，独此地有香，焙茶尤妙。

由此可见，在明朝初年，四川地区的花茶就已开始流行，这里提到的海棠，作为花茶中的一种，受到孔迩的推崇与喜爱。而茉莉花茶，是在清朝时期才开始于四川流行的，即"湖广填四川"后。闽粤赣地区的客家人，将茉莉花带入四川，并进行规模化种植，用以窨制花茶，使得品饮茉莉花茶逐渐成为一股引领时尚的潮流。这样的风潮，并未在短时间内消停，反而逐渐演变为川茶的经典饮品，经久不衰，延续至今。

据汉朝史书记载，茉莉花最早起源于古罗马帝国，汉时海上丝绸之路开通，茉莉花随着线路到达古波斯、天竺，然后进入印度成为佛教圣花，最后传入中国福州。茉莉花色洁白，香气浓郁，有"茉莉花一出，则百花无香"之美誉，又因其本身作为佛花传入中国，便被赋予了玉骨冰肌、淡泊名利的象征，代表着士大夫的气节，从而被世人所喜爱。宋时，茉莉花在几十种香料茶中脱颖而出，茉莉花茶也由此兴盛，到明末时开始走向商业之路。

明代的徐𤊹曾经在《茗谭》中记录道："闽人多以茉莉之属，浸水沦茶，虽一时香气浮碗，而于茶理大舛。"其对花茶进行批判，说花茶的香气有损于茶叶本身的香气，但这根本不影响人们对茉莉花茶的钟情。到了清咸丰年间，福州已经成为茉莉花茶的窨制中心，并进行大量生产，有十多家的花茶畅销到华北地区，到清末，已经有数十家茶庄从事花茶经营业务。而清朝时期的四川，也是茉莉花茶的另外一番繁盛景象。

四川拥有悠久的茶叶种植历史与茶叶文化，成都平原周边龙门山一带的雅安、邛崃以及平原以南的乐山、犍为等地都拥有着几千年的种茶历史，是成都众多茶馆中茶叶的主要产地。花茶出现后，一开始并未普及到广大茶馆中，仅仅被一些文人雅士把玩，客家人在入川之前，已于闽粤等地种植茉莉花，并将其作为一种经济作物，在窨制茶叶之中得到了有效收益，入川后他们又在四川看到了茉莉花茶的更多商机。

东山一带，因为土壤属于黏性黄土，偏弱酸性，特别适合茉莉花的种植。清朝时期，从牛市口到沙河铺这一带，因为离成都城区和得胜场等场镇较近，客家人就在此大量种植茉莉花，并卖给周边制作茶叶的作坊。每年5月至9月，均属于茉莉花的花期，东山就有了"山塘日日花成市，园客家家云满田"的景象，成都也就从这一时期开

▲ 沙河边上的老茶馆　朱玉霞摄

始，兴起窨制茉莉花茶的风潮。

据《成都通览》记载，清末的成都共有516条街巷，其中茶馆就有450家，遍及大街小巷。如此庞大的茶馆体系，直接给手工制茶的作坊提供了大量商机。在制作茉莉花茶时，工厂将茉莉花分为众多等级，以满足不同需求。因物美价廉，口感适合川人口味等原因，茉莉花茶成为成都最流行的茶。

1930年末，作家易君左第一次来到成都，便在游记《锦城七日记》中记录道：

　　在二泉茶楼买了一碗茉莉花茶，花了3分钱，且还说茶香水好，泡到第三道茶味全出来了。[①]

由此可以看出，茉莉花茶不仅被成都广大市民接受，也被外地游客喜爱。许多游客由衷地赞美道，在茉莉花茶里，可以闻到春天的味道。

位于一心桥街的成都茶厂成立于1951年，曾为成都街头的各式茶楼、茶馆提供茶叶。在众多茶客心中，成都的花茶就是"三花"，"三花"就是成都的花茶，"啖三花"也逐渐成为成都人的幸福标志。

三花茶，并不是外地人所想的三种花拼成的茶，而是茉莉花茶的一种等级之分。

明朝以来，四川人就已可以较为熟练地窨制花茶，到了清朝时期，茉莉花茶窨制的技术在成都地区就更加讲究，人们对花茶的品质要求也有许多细分。每年春夏季节，东山上的客家人采摘茉莉花并送往茶厂。茶厂收购茉莉花，对花期的时间及开放程度都有要求。东山上的茉莉花期在每年的5月至9月，随着温度的升高，茉莉花在三伏天进入最佳花期，这时候的花质最好。每日花开的时间因季节的不同而有所差异，春天的花大多在晚上九点左右开放，三伏天里的花在傍晚时候就已开放，到了秋天，其绽放的时间又回到晚上九点以后。李渔曾经在《闲情偶寄》里面描写道："是花皆晓开，此独暮开。暮开者，使人不得把玩。"

---

① 王笛：《茶馆：成都的公共生活和微观世界1900—1950》，社会科学文献出版社，2010年。

▲ 老茶馆里的老茶客　钟跃民摄

这是文人对茉莉花的一种欣赏态度，虽然只能在夜幕降临时才能够欣赏到花开的情趣，但对于花农来说，夜幕降临前的茉莉花才是他们的目标。因为只有未开的花，其香味才能完整保存，也才能制作出品质更好的茉莉花茶。所以，成都茶厂也只收还未开好的花作为原材料，那些完全开放的花只能给一些小型作坊进行加工。

到了采摘季节，花农们上午就开始进入园子摘花，直到傍晚来临才收工。晴天的花属于上乘品，阴天的花次之，雨天的花更次且不适宜再做花茶。晴天中午时分采摘的花属最佳，中午时分，太阳越大，温度越高，茉莉花的香味越浓。若是三伏天骄阳的午后采摘的茉莉花，则可用以窨制上上品茶。

成都茶厂建立以前，花农们采下来的花主要送往各个手工制茶作坊，茶厂建立以后，生产规模和用花量较大，东山上60%的茉莉花都被茶厂收购。每天下午，人们将花装好放在鸡公车上，经过沙河铺和牛市口送到茶厂，沿途花香四溢，让人心旷神怡。最早的成都茶厂是由几个作坊合并起来的，以前作坊的老师傅也加入成都茶厂成为技术骨干，团队的协作使得茶厂越做越兴旺。

窨制花茶是在晚上进行，在此之前，要将花保存恰当以防烧花，这样出来的花茶才会更有品质。到了晚上，待花蓄发时，师傅们便开始忙碌，将提前窨好的绿茶与茉莉花一起窨制，第二天通过机械设备或者人工将茶叶与花进行分离，再对绿茶进行窨制，把茉莉花所带来的水分去除。好的花茶需要来来回回、反反复复窨制多次，窨制次数越多，茶的品质就越好。

成都茶厂出来的茉莉花茶分为多个等级，分别有特级、一级、二级、三级、四级、五级、六级、花碎、花末等。三级以上的花茶，几乎能将茉莉花的香味与茶叶紧密融合，看不见太多茉莉花的影子，但其香味和韵味却尽在不言之中。三级以下的花茶，就是花和茶叶的结合，形与香俱在，但其香味和口味就根据等级的不同而体现出不同的差异。

真正的成都人，是特别钟爱三级花茶的，这与茶人的口味和经济实力有很大的关系。三级以上的茶，因为香气和口感都属上乘，所以价格也是不菲，普通老百姓很难消费；而三级以下的茶，因为口感和品型显得过于次，老百姓又看不上，所以三级花茶就成为他们的不二

▼ 龙潭寺外面的风云茶馆，他们争先恐后地给我讲客家的故事，其中九十岁的老人胡大志为我付了茶费。　朱玉霞摄

之选。三花除了价格适中，其口感也深受成都人喜欢，下地的、拉货的，尤其是需要靠劳力挣钱生活的人，都喜欢喝三花，其口感浓而不涩，香而不腻，干活前来上一盅，精力十足；休息时再来上一碗，休闲放松，心情愉悦。"啖三花"也成为每个茶馆里茶客的口头禅："老板，来杯三花儿！""要得要得，马上就来，马上就来！"

如今，成都茶厂已经从成华区搬走，只在一心桥街剩下一个门牌，而东山上的茉莉花更多的也只是停留在客家人的记忆里，唯有在现今的三圣花乡，还可以在花田里见到一些培育来作为观赏的茉莉花。不过，成华区的客家人及整个成都的人，依然一如既往地喜欢喝这老三花。

成都的茶馆，在当地的历史中起着相当重要的交流作用，无论是江湖的传闻、国家的政事，还是张家与李家的扯筋等生活之事，都在茶馆的人声、烟雾、茶香之中体现得淋漓尽致。而今，部分客家人依然以开茶馆为生，只卖素茶与花茶，其中花茶永远都只有一个等级——三花，茶客们每天都喝这种茶，这种茶的味道，是一种再熟悉不过的味道，一种融进骨子里的味道。

张羊肉：不断迁徙的客家美食

农历丁酉鸡年九月初一，我第二次前往龙潭寺，为了赶上寺庙里的礼佛仪式，我起了个早，八点左右就已经到达龙潭寺附近。秋天已经悄然而至，清晨的空气里依稀带着一丝凉意，忽然，一股浓烈的羊肉的香味儿扑鼻而来，还未吃早饭的我已经被这美食的气息牢牢吸引，肚皮也禁不住诱惑开始动起来。寻味而去，在龙港路与鹤林四路的交汇口，一个"客家张羊肉"的招牌映入眼帘。

▼ 清晨，张孝财正在忙碌着砍羊肉。　朱玉霞摄

几位看起来有四十多岁的店员正在店门前忙乎，他们都是客家人，其中一位就是老板张孝财，他用有力的手臂熟练地砍着羊肉，刀刀到位，很少有多余的碎渣溅出。肉汤的香气和蒸羊肉的水蒸气弥漫在清晨的阳光中。如今的成华区，早上喝羊肉汤的习惯已经较为少见，然而在以前，很多人的一天都是从一碗鲜美的羊肉汤开始的。那时候的羊肉汤都从早上开始卖，中午过后收摊歇息，第二天清晨又继续开店营业。如今张孝财的羊肉馆，除了早上和中午要开门营业，晚上才是一天中客人最多的时候。

张孝财虽然今年才四十出头，但是做羊肉汤已经有二十多年了。辗转了多个地方，2017年，他把羊肉馆搬到了现在的位置。

1988年，张孝财初中毕业以后，就没再继续读书，回到家里的铺子帮忙。那时张孝财的二哥已经继承了父亲张辉荣的羊肉馆，他就帮着二哥一起经营餐馆。那时的张孝财还是一个刚满十六岁的毛头小伙，在店里做了两年羊肉后，想要独立做生意，闯出自己的一片天地。他把自己的打算告诉了父亲，没想到父亲非常支持，张辉荣想看一看刚成年的小儿子要怎样将这门祖辈代代传下来的生意做下去。辞别了家人，张孝财便来到了十多公里外的龙潭寺，开始了自己的创业之路。

清朝光绪年间，张孝财的高祖父张良聪，在成都东部的黄土场开起了第一家客家张羊肉馆，喜迎八方来客，生意做得红红火火。自此以后，张家的羊肉汤生意代代相传。曾祖父张光河在清朝末年继承了家业，在父亲张良聪的基础上，羊肉馆被发扬光大，张家羊肉的名头越来越响，十里八乡食客都慕名而来，常年座无虚席，且多是回头客。靠着这一锅羊肉汤，张家富甲一方，坐拥万贯家财。然而随后的连年战乱，让张家几代人积累的财富化为乌有，到了20世纪50年代，张孝财的祖父张光明把羊肉馆开到了石板滩，带着家族传下来的手艺，重新开始创业。

张辉荣生于1935年，十六岁开始跟着张光明学习做羊肉的手艺。在那之前，张辉荣从来没有杀过羊，跟着父亲的第一天，张辉荣就被要求练习杀羊。

从未杀过这么大的活物，张辉荣的内心充满了胆怯和不安，一手抓羊一手提刀，却无从下手，父亲在一旁的指点他也全然忘了。看着眼前手足无措的儿子，张光明耐心被耗尽，上前给了他一拳，吼道："还不动手！"张辉荣才狠狠地一刀下去，开启了自己的学艺之路。学会了做羊肉汤后，张辉荣开始和住在龙潭寺的二叔公以及青龙场的廖羊肉三家搭伙做生意，他们经常跑到周边的场镇去卖羊肉汤。

跟其他的兄弟姐妹比起来，张辉荣算是幸运的，作为家中老大，在学艺的时候得到了父亲张光明的真传，做了几年生意，牢牢掌握了做羊肉汤的技法，虽然说中间歇业了十多年，但其手艺依然未丢。而年龄较小的弟弟们，就没有赶上可以学习手艺的时代。

20世纪70年代末，青龙场的廖羊肉率先恢复了做羊肉汤的生意。老板廖氏诚邀张辉荣前去店里帮忙，张辉荣因故未能前往。到了1981年，经过充分准备，张辉荣也开始重操旧业，继续在新都区石板滩开起了羊肉馆。

据张孝财回忆，父亲张辉荣曾经对他讲，整个东山地区卖羊肉汤的，除去张氏，其他姓氏多多少少都与张家有些亲戚关系。20世纪80年代，张辉荣开店以后，将自己的手艺教给了许多亲戚，包括自己的三个儿子。据统计，现在成都东郊周边的场镇，如石板滩、青白江、城厢、龙潭寺、西河、洛带等地，都有张氏的羊肉馆，多达二三十家。

1993年，已经尽得父亲真传的张孝财离家创业，在现今龙潭寺医院的地方租了一间大约三十平方米的铺面，做起了羊肉汤生意。十八九岁的小伙子有着用不完的精力，一开始张孝财就特别勤奋，每天早上很早就起来开门做生意，他做的羊肉汤不仅美味，而且分量很足，赢得了客人的口碑，所以，生意也做得顺风顺水，越来越好。

张孝财回忆说，以前卖羊肉汤跟现在是两回事，那时候只有碗碗羊肉汤，早上六点钟起床开始忙乎，一个煤炉子烧得红红的，从清晨卖到下午两点钟左右。收摊以后，就骑着自行车回到石板滩的乡下杀羊，每天要用的两头羊都已经由父亲张辉荣准备好，拴在羊圈里。张孝财在自己的"二八大杠"后座一边加了一个竹篓，把自行车变成自己的货车，杀完羊后就将羊肉放进竹篓载回龙潭寺的店里。石板滩离龙潭寺的路不算近，20世纪90年代，这一段路的路况很差，一旦遇到下雨天气，自行车在泥泞的路面上前行是件比较艰难的事情，稍不注意就会打滑摔跤，为了防止摔倒弄脏羊肉，很多路段张孝财都是推着自行车前行。张孝财不知道在这条路上走了多少个来回，每天风雨无阻。

在没有冰箱的年代，冬季和夏季宰杀羊的时间是不一样的。冬季温度低，食物保存时间较长，所以就可以选择下午杀羊。到了夏天，食物不能长时间存放，为了保证羊肉的新鲜度，张孝财每天凌晨三点钟就要起床杀羊，等到整理好羊肉，天也快亮了。

自从张孝财开始自己做生意，退休后的张辉荣似乎变得比以前更加忙了。双号的时候要去石板滩帮着二儿子卖羊肉汤，单号的早上则要早早起床，去附近的清泉镇赶场买羊，那时候金堂和云顶山等地的农户，都会将羊牵到清泉镇售卖，数量最多的时候，市场上汇集着两三百只羊。如果清泉镇的羊不够两个儿子使用，张孝财还要跑到更远的金堂去买。那时候的羊以黑色和麻色为主，都属于本地羊，由于当年卖羊和吃羊肉的人并不多，食材都能够充分满足需求，所以去金堂的时候是极少的。

自十八岁来到龙潭寺开羊肉馆以来，张孝财在龙潭寺周围来来回回辗转了七八个地方，但从来没有歇过。他的羊肉馆也从曾经的三十个平方米扩展到了现在的二百多平方米，曾经的碗碗羊肉也做成了现在的汤锅羊肉。

碗碗羊肉，是张氏羊肉及整个东山羊肉最初的一个状态。那时候的人们吃羊肉汤，都按碗算钱。这种售卖形式，在现今东山一带的许多场镇上都依然保留着，包括张孝财大哥在新都的羊肉馆也依然卖的是碗碗羊肉，并且只卖早上和中午。成都的碗碗羊肉汤，在2000年以前都还特别普遍，大约在1996年的时候，小关庙开始兴起了火锅羊肉，慢慢地，羊肉汤锅越来越受到食客的欢迎。

1999年，张孝财第一次带着自己的羊肉汤去太升南路的文化宫参加年会节。那时候的年会节跟过年逛庙会一样热闹，除了琳琅满目的商品，还有各式各样的美食。张孝财热气腾腾的碗碗羊肉，自然是冬季里最受欢迎的饮食之一，半个上午，张孝财的羊肉就卖了个精光。

在年会节上，有人给张孝财提建议，可以将碗碗羊肉改为火锅式的羊肉，这样会更受客人欢迎。张孝财也觉得比较有道理，年会节结束后，他就马上到各地去考察了一番。

2002年，张孝财的羊肉在形式上进行了第一次改造，将直接端出去的碗碗羊肉改为放在酒精炉子上的盆盆羊肉，那时候的燃料是固体酒精，客人们反响都很不错，几个人围炉而坐吃羊肉，也还算是小有情调。2004年，张孝财的羊肉铺从三十平方米扩大到了一百多平方米，可以摆放十九张长条餐桌。后来，张孝财尝试着撤换掉十张餐桌，增加了可以煮火锅的四方桌。两个月后，剩下的九张餐桌也全部进行了更换，从此以后，张孝财的羊肉汤彻底从碗碗变成了火锅。

跟西北的羊肉泡馍相似，在四川的羊肉馆，吃羊肉就锅盔已经成为一种标准搭配，但四川最早的羊肉汤，却并没有这样的讲究，喝羊肉汤就喝羊肉汤，纯粹得很。据张孝财介绍，他所了解的羊肉馆里，二仙桥的羊肉汤中最早配置过油条，这种配置方法，主要源于羊肉汤的旁边有一家卖早点的铺子。两家商量着搭伙做生意，于是早点铺的油条就搭配进了羊肉汤中。

张氏羊肉的锅盔，起源于20世纪80年代。张孝财的姨爹是打锅盔的，在石板滩的羊肉铺里售卖，很多人在买羊肉汤的时候都会买一块锅盔一起吃，久而久之，张氏羊肉汤和锅盔就成了固定搭配。后来，西河的张氏羊肉去学习蒸羊肉，随后，很多家张氏羊肉也都引进了蒸羊肉的做法。不久，锅盔夹蒸肉也成了一道菜。

闲谈间，不时有奔驰、宝马等各种轿车停在店门口，车主买了新鲜的羊肉又满意而去。店铺里面，陆续坐了很多来吃早餐的人，这些

▲ 张羊肉的锅盔　朱玉霞摄

人大多为客家人，也有很多周边做生意的人。张羊肉的早餐，羊肉汤卖得很好，每碗价格按量分为15元、20元、30元，除羊肉汤外，还有羊肉米线、白面锅盔等。

　　跟张孝财聊天的时候，我点的羊肉汤也到了，两口热滚滚的羊肉汤下了肚，身上深秋的凉意顿时被一扫而尽。自喝了这碗羊肉汤后，心里便十分惦记，没过多久的一次朋友聚会，我便强烈要求将聚餐的地点选在了这家羊肉馆，以满足自己的私心。

　　第二次来到这家羊肉馆，是在晚上六点过，此时张羊肉的生意甚是火爆，整个大厅已经差不多坐满。羊肉馆的晚餐仍以羊肉、羊杂为主，配以烟熏羊排、羊脑花、炒羊肉等特色菜品，分量十足。团队作战让我可以品尝到更多的菜式，其中烟熏羊排因为经过烟熏且选料、制作等工艺把控得十分到位，出来的味道肥而不油，香而不腻，刚一开始时还可以吃出烤鸭的味道，再仔细一尝，又的确是羊排的醇正，与其他羊肉的味道比来，确实风味十足。

羊肉属于温补食品，主要是在秋冬季节食用。那么夏天的羊肉馆怎么办呢？张孝财说，每年4月底至8月底都是休店期，除去这四个月，其他时间都会照常营业，整个东山地区的张氏羊肉基本上也都是这样。在休息期内，他们曾经也尝试过做其他生意，比如卖龙虾、田螺、冷啖杯等，每天从晚上卖到凌晨三四点才能收工，但由于时间太短，也不太挣钱，后来就放弃了，安安心心地休息，为铺子的重新开张做好准备。

张孝财售卖羊肉汤已有二十多年，从十六岁入行起，他都不停地研究羊肉汤味、菜品、花样，在父亲手艺的基础上创新、精研。请教名师精研配料，把祖传秘方与自研汤料融为一体，形成肉嫩、汤鲜、常年食用不厌的美味，并荣获多家部门授予的荣誉称号和证书。

温鸭子：客家菜里的翘楚

　　每日清晨八点四十，青龙场昭觉横街的温鸭子准时开启外卖窗口，一股浓郁的卤香味儿飘香四溢。这个点儿上，正是那些送娃娃上学的家长回程的时间，他们顺便就在这里买上些卤肉，提回家准备午餐；晨起锻炼或者遛狗的人们，回程时也顺道来买点；而忠实的老买主，有时也会专程过来购买，心里想着还是温鸭子的卤菜最是地道。

　　2002年左右，这栋大楼修建完成，温鸭子现在的老板温小金就将

▼ 青龙场老街上的温鸭子饭店　温鸭子饭店供图

青龙场正街上的铺子搬到了这里，至今快要二十年了，但这鸭子，在青龙场的地盘上却已经出名了一百一十多年，其历史可以追溯到清朝的光绪年间。

清光绪三十一年（1905），在一阵阵的鞭炮声中，温茂森开的温鸭子店正式开张，前来购买的人络绎不绝，自此以后，这一店铺在历史的波折中，跌跌撞撞一直开到了现在，至今已有三代传人。

温家的上川始祖，是从广东的梅州迁徙过来的。在梅州温家祠堂的周边，沿街开着许多卤鸭子的小作坊。这温鸭子的做法，虽然在四川已经有了上百年的历史，可它在梅州的历史则更长远了，或许是两百年、三百年，或者更久。中国的南方，尤其是长江流域一带，是水系比较发达的地方，而鸭子又是在水里活动的家禽，这促使这些区域成为盛产鸭子的地方。成都平原作为长江流域的上游地带，原本就有府河、南河、沙河等河流，水系也特别发达，鸭子也很普遍。温家的上川始祖来到四川后，先在成华区与新都交界的二台子，即现在的保利198公园那一带落户，后来逐渐发展到了青龙场。

可四川的鸭子，并不是一年四季都有的，每年秋收稻田里的谷子打完以后，就是这一年中鸭子成长的最后一个阶段。所以，那时候在冬季是很难吃到鸭子的，不像现在，一年四季都能吃到温家的鸭子。

自"湖广填四川"以来，全国各地随着移民浪潮蜂拥而来的烹饪高手将南北各地的饮食习俗带到四川，使得天府之国名厨荟萃，佳肴竞辉，兼南北各家烹饪之所长，形成了独特的美食风格。青龙场温鸭子的创始人温茂森热衷于对美食的研究，将各个地方的美食精髓进行融汇，并不断将梅州带来的腌腊制品的方法进行改良，结合四川本地的美食制作技艺，把四川当地的原材料——鸭子和各种辅料运用其中，最终做出了受广大食客喜爱的腌熏卤鸭子。纵使青龙场有许多客家人都做类似的卤鸭子，但最终都因各种原因而没有存活下来，唯有温鸭子，因为厚道的经营模式，最终一步步走了下来。

　　清朝末期，青龙场的王家、张家及温家，已经是场镇上的三大家族，温家在青龙场上有一处很大的四合院子，据说可以住上几十个人，他们人丁兴旺，家族富荣。在温家的隔壁，是王家的烟馆。平时温家会给王家的客人们送饭菜，生意虽说是各做各的，但温家的饭菜味道确实很好，许多烟客都成了温家的常客。温茂森做生意很耿直，平时客人们买鸭子时，若遇到找不开零钱或者尾数不多时，他总是给客人免去，食客们也是高兴而来、愉快而去，久而久之，也都成了他家的老顾客。同时，温茂森也是一个具有爱心的人，时常乐于帮助穷人。可在那个时代，也总有一些故事，是很少能说清楚的。在吕涛的《沉思往事立残阳》中，曾经记载有这样一段故事：

　　　　一天早上，小吕涛醒来，听见周家药铺门外围了一大堆人，在议论昨晚大逮捕的事情。有人说："温大爷遭抓了！"又有人说："周书庭跑脱了！"温大爷就是温鸭子的创始人，周书庭则是当地能够飞檐走壁的江洋大盗。而据说，这次突然袭击，逮捕的对象是青龙场的袍哥、舵把子和形形色色的残渣余孽。

　　　　枪毙温大爷在青龙场引起不小的风波。在青龙场百姓看来，如果温大爷应当枪毙，那么青龙场的百姓就没有几个人有资格活下。温大爷在乡里口碑最好，乐善好施，又最讲义气。你刚跨进茶馆，提茶壶的幺师便喊道："张大爷的茶钱，温大爷给了！"
如果穷人的父母去世，无钱买棺材，只要披麻戴孝与温大爷磕个
头，棺材便有着落。①

　　不管事实是怎样，自此以后的温家，开始走向了没落。原来的四
合院子也被没收。温茂森在世时的故事，后来很少被人提起。只有温
鸭子的招牌菜始终被食客们惦记。

　　温荣昌，温鸭子的第二代传承人，一直跟着父亲打理店铺。20世
纪50年代以前，温荣昌的大哥主要在家掌厨做鸭子，而他则主要在
店铺里面跑台，他们的母亲是正儿八经的掌柜，一家人共同经营着一
个二三十平方米的小店，卖点卤鸭子、炒菜、凉菜和酒水。温荣昌的
大哥和家里的其他兄弟姊妹后来都参加了工作，唯独他继承了这家小
店。再到后来，温荣昌的店铺与青龙场的供销社合并，公私合营，取
名正街饭店。

　　20世纪70年代过后，青龙场逐渐开始恢复私营模式，温荣昌的
儿子温小金跟着父亲学艺，先是在自己家里将鸭子卤好，然后推着车
子在饭店旁边售卖。1980年，温荣昌退休以后，因为自己有手艺，就
在正街饭店旁边重新开了一家温鸭子店。温小金的母亲去世以后，温
荣昌就将小店交给了温小金，一直经营到现在。在1980年以前，正街
饭店因为制作鸭子的主厨依然是温荣昌，所以食客们总是私下称正街
饭店为温鸭子。后来私营性质的温鸭子店开张以后，人们又纷纷说这

---

① 　吕涛：《沉思往事立残阳》，http://blog.sina.com.cn/u/1625288612.

家才是真正的温鸭子。食客们总是充满了疑惑。以前我也含糊，这次总算是梳理清楚了这背后的发展历程。

温小金作为第三代传承人，在经营的过程中对制作鸭子的技艺不断创新和改良，并于1997年创立了温鸭子食品有限公司，且建立了工厂化的加工流水线，这不仅使温鸭子手工制作技艺得到了进一步发展，还根据温鸭子的一些特色，融入了新的元素，形成了一系列以鸭子为主的川菜新菜品。老传统和新元素结合，迸发出了前所未有的美食魅力。

因为开店需要许多鸭子作为原材料，在还没有大规模进行河水养殖鸭子以前，温鸭子的主材料——鸭子主要还是靠到四周的农户家里去收购，那时候是非常辛苦的。鸭子的大小不均匀，老嫩也不一致，对于制作的师父来讲，烹饪的手艺显得尤为重要。后来，温小金对鸭子进行了大规模、规范化的人工养殖，食材均为天然河水放养的土鸭，完全解决了原材料的这一重要问题。

温鸭子手工制作技艺，属于民间口授心传的特殊技艺。温鸭子采用土鸭为主要制作原料，不仅营养价值高，脂肪含量适中，且肉质鲜嫩，易于消化；鸭肉含有钾、铁、锌等多种微量元素，具有清热、健脾、利尿消肿等功效；同时色鲜、味美、醇香，堪称腌卤制品中的极品，深受大众喜爱。

温鸭子制作技艺十分复杂，据现青龙场店的何总介绍，从精选原料到一只"温鸭子"成品要经过几十道工序，整个制作过程全部由手工完成。

首先要精选重量均匀、肥瘦适中的健康土鸭，将鸭子送往加工厂，活鸭送达时间和宰杀时间也都有严格规定。进行深加工时，鸭子需经过宰杀、煺毛、腌制、除盐、晾晒、熏制、冷冻等复杂程序，最终制成半成品。在制作过程中，煺毛时的水温、腌制晾晒时间的长短等全凭制作人的经验掌握。

就此，我生出了一些疑问，为什么宰杀过后的鸭子不直接进行卤制，而要如此复杂呢？原来早些年间，在冰箱被广泛使用以前，人们储存肉制品主要靠盐来腌制，就像我们制作腊肉、盐蛋、皮蛋等一样。用盐腌制过的食品，不仅可以防腐，还可以使食品更加入味。同时，熏制这一过程中，需要使用专门设计的三面水泥砌成的炉灶，并且全部使用花生壳作为燃料。这样熏制好的鸭子色泽才会金黄明亮、皮脆肉嫩。温鸭子深加工的过程中，非常重要的一个环节即是冷冻冷藏，冷藏的温度和时间的掌控，直接影响鸭子的味道和鲜美程度。整个深加工工序根据季节不同需要二至七天。

温鸭子成品的最后一道制作工序是卤制。卤水采用慢火熬制的鸡汤、骨头汤等高汤，加入香草、松茸、桂皮、八角、生姜等几十种香料按祖传配方熬制而成。卤制时间根据鸭子的重量和老嫩来决定，全凭制作师傅用手捏、用眼看来判断。经过如此复杂的工序，色鲜、味美、皮嫩、醇香的温鸭子才能够摆上大众的餐桌。

如此的大费周折，制作出来的鸭子，确实很能勾起人们的食欲，可它究竟好吃到什么程度呢？据何总介绍，金牛乡的地方志里曾经有这样的记载："乙酉年（1945），张爱（张大千）寄居成都北郊昭觉寺，闲暇之余，常光顾温鸭子，食后大为赞赏，谓之川西鸭品一绝也。"当年张大千在昭觉寺写生时，因为囊中羞涩，但又特别喜欢吃

▲ 温鸭子卤菜　*牟春摄*

温茂森的鸭子，所以常用字画去换。

　　而今，前来光顾温鸭子的名人名流、文人墨客等早已不计其数。有人问，为何温鸭子店不借势大力宣传呢？何总笑了笑回答说，我们一直在专研鸭子的制作技艺，埋头苦干将味道做得更好呢！

　　到目前为止，温鸭子已经有五家属于自己的直营餐厅，加盟的外卖店也已经发展到了十余家。在原来菜品的基础上，增加了许多味道正宗的菜品，如香酥鸭、啤酒鸭、盐水鸭、蜜汁烤鸭、红烧鸭块、糯米鸭、鸭血等，深受街坊邻居的喜爱。

　　温小金的公司位于青白江现代农业港内，占地3.58万平方米，主要从事生产、加工、销售肉制品。拥有目前国内最先进的屠宰流水线，年产量在360万只鸭子左右，有5个标准化养殖基地，让人不得不为之竖起大拇指叫好。

现今，温鸭子的手工制作技艺在传承人的不断改进下，取得了前所未有的发展，也创造出了更高的经济价值。现在温鸭子手工制作技艺的传承人招收了学徒几十人，一直在努力传承中。但目前为止，熟练且全面掌握温鸭子手工技艺的传承人很少，这技艺又属于客家美食中独特的种类，受到现代快餐和逐渐西化的饮食方式的冲击，极有传承、保护的必要性。

2016年，温鸭子被正式纳入成都市非物质文化遗产保护单位，自此以后，它进入到了一个历史性的发展层面。同时，温鸭子在秉承百年传统工艺的基础上，结合现代人的饮食特点不断创新，这一蕴含老成都风土人情的食品，与现在食客们所追求的"自然天成、绿色健康"的美食需求，已经达到了完美的结合。

制豆瓣：川菜与客家菜的一次意外

　　走在夏天的成华客家聚居区，太阳晒得人焦头烂额，正当我口渴难挨时，突然发现了一家小卖部，而小卖部的旁边，一户客家人做了两大缸豆瓣，在太阳的照射下，发出让人流口水的香味来。这种香味不是市面上售卖的豆瓣那种大规模制作的味道，而是一种家的味道。我在猜想，这两缸豆瓣一定出自某位心灵手巧的婆婆之手。院子里栽满了粉红色的蜀葵花，一只黄色的猫咪在豆瓣缸的不远处慵懒地晒着太阳，它应该也如我一样别有用心，看似是在睡觉，实则是在偷闻豆瓣的香。

　　豆瓣，作为川菜中必不可少的佐料，起源于清朝时期。据说，当年的客家人陈氏在上川的路途中，带在身上用来充饥的胡豆因为连日下雨而生霉，节约的他不忍心将其丢弃，便放在田埂上晒干，然后以鲜辣椒拌和而食，味道竟然鲜美无比，余味悠长，到了西蜀以后竟以此为生，这大概就是郫县豆瓣的最初起源。这一故事在上川的客家人中逐渐传开，豆瓣的味道也受到众多客家人的喜爱，后来四川便出现了郫县豆瓣、临江寺豆瓣等以作坊生产为代表的酱园，每家每户也开始制作家用豆瓣。

　　客家人的家用豆瓣，虽不及作坊生产的那么规范化，但因为每家每户制作人的手艺和用心程度不一，制作出来的味道各有千秋。客家女人因为没有受过封建社会的裹脚等束缚，都特别能干，对于家里的饮食极为上心。制作豆瓣基本由女人完成，手艺一代传至一代。

每年农历四五月开始，天气已经进入初夏，日照时间延长，温度逐渐升高。此时田间地里的胡豆已经到了成熟的季节，勤劳智慧的客家人将豆子收回家晒干，用以制作这一年里要食用的豆瓣。

胡豆在晒干以后，有一层浅绿色的皮，制作豆瓣之前，手巧的妇女要将胡豆的皮全部去掉，最早的时候，她们都一颗一颗用手剥，这样出来的豆瓣会比较完整好看，但是比较费时，后来又用石磨推，现在都已经方便到了用机器剥壳或者直接买成品。

接着将豆瓣洗净，放入蒸饭的木质甑子，用大火将其蒸煮，所蒸时间不宜过长，一般等甑子开始冒大气的时候，就可以了，不需要等到豆瓣全部熟透才起锅。蒸好以后，将所有豆瓣倒入提前准备好的簸箕里摊平。客家人对农作物的各种习性研究得十分透彻，且在南瓜叶中发现了能够使胡豆发酵的一大窍门。当豆瓣在簸箕里被摊开以后，将提前准备好的南瓜叶盖在上面，并放置于阴凉处，等其慢慢发酵。

豆瓣的发酵，需要经过漫长的过程，大概需要一个月的时间。豆瓣在发酵时，会长出一丛丛霉菌，远看就像一块土里长出了细小的植物。若凑近闻起来，虽然有一股怪怪的霉菌味，但这味道又不同于发臭的霉菌味，似乎还带着些许能够激发食欲的香味。这种霉菌会根据豆瓣里面所含的水分而有所变化。刚开始时豆瓣里面的水分较多，霉菌就长得较长且茂密；随着豆瓣的水分逐渐减少，霉菌又会因为水分不足而渐渐变矮、变小，最后附在豆瓣上面，到了这个时候，就应该进入下一个制作步骤了。

在我看来，客家人的家用豆瓣里面，不仅仅是单纯的豆制品的味

▶ 用以制作豆瓣的原材
料——胡豆　九吃摄

道，还有太阳的味道。因为在接下来的环节里，豆瓣质量的好坏都要靠太阳了。

　　豆瓣发酵完成后，需要用水将其淘洗干净，然后再放入大太阳底下暴晒。这一天的太阳特别重要，所以在决定做这一步的时候，一定要选个天气晴朗的日子进行。晒豆瓣时，依然将其放入簸箕之中，摊开、整平。一般在中午的时候，太阳最大，温度最高，这时候的豆瓣温度也达到了这一天中的最大值。人们将提前准备好的生清油和川盐端出来，用手将两者搓于豆瓣面上，直到每颗豆瓣上面都被搓匀净，变得油光发亮为止。然后继续将豆瓣放在太阳底下暴晒。在光合作用与温度下，豆瓣上的生清油开始生效，将豆瓣逐渐浸润得金黄，颜色越是透亮，说明豆瓣的质量越是到位。暴晒一天后，再将豆瓣装入一口土陶缸中。

　　被生清油浸润过的豆瓣，在土陶缸中发出油香的味道，因为发过酵的原因，这种香味已经开始让人有了流口水的感觉，但离食用却还早得很，连半成品都算不上。豆瓣入缸后，人们会将四川特有的老荫茶（有些地方叫红白茶、老鹰茶）和花椒叶一起熬成水，倒入土陶缸中，然后加入新鲜的花椒，再倒入生清油，将豆瓣淹没。这是使豆瓣的香味与四川特色的其他香味融于一体的第二个步骤。

在客家人中，取之于自然，融入于自然的理念，除用于修建房屋外，也体现在制作豆瓣上。在接下来的制作过程中，太阳将起着关键性的作用。因为这一部分，只有靠暴晒完成。天气好时，将豆瓣抱到外面晒，用一块透明的玻璃或者纱布将土陶缸口封住，以防喜欢偷吃的虫子或者树叶掉进去。早晨抱出去，晚上再抱进屋子。有些用玻璃盖缸的，也就偷懒省了这一步骤，抱进屋子主要是为了防止夜晚落雨，雨水进缸里。这样暴晒后，发酵过的豆瓣在温度变化的趋势下，逐渐变得柔软起来，待到豆瓣全部变得如煮熟一般软时，这个阶段的暴晒流程全部结束。

至此，豆瓣的半成品终于算是完成。这个半成品其实也可以作为豆油使用，常被人们用于煮面条时当调味品用。20世纪末期，对于客家人来说，如果家里要时常吃上酱油还是有些奢侈的，所以豆油就是另外一种别具风味的酱油。

接下来要说的是红辣椒。成都周边的辣椒一般在农历六月左右就开始采摘了，用以制作豆瓣的辣椒主要为二荆条，如果喜欢吃辣一点的，也可以适当加一点小米辣进去。上好的二荆条需要在立秋之前采摘，立秋之后的辣椒肉少籽多。二荆条准备好以后，需要将其制作成辣椒酱。早些年间人们制作辣椒酱都用刀剁，双手各执一把菜刀，在木墩子或者菜板上剁得飞快。后来机器的问世，替人们节省了很多劳力。辣椒酱做好以后，把它放入土陶缸内，与晒制的豆瓣一起搅和均匀，按照比例加入川盐，再加入生清油淹住豆瓣，最后用透明的玻璃或者麻布封好，继续放在太阳下面暴晒。这样一来，豆瓣的香气中就融入了辣椒的味道，越晒就越劲道。如果天气好，晒个十天左右，就可以食用了。

客家人制作的家用豆瓣，除了每个人的手艺和方式有所差异外，天气因素最为重要。如果这年天气好，豆瓣的质量则好，就像种庄稼一样，也盼有个好天气。

客家人的豆瓣，除了用胡豆作为主料以外，豌豆也是主料之一。有些勤快的客家人，会分别制作胡豆酱和豌豆酱，有些则只制作一种，或者将两者混合在一起制作。不同的原料制作出来的酱味也有所差别。

而今，在成华客家这一片区域，随着城市化的建设，绝大多数客家人由农村户口转为城市户口，生存技能与方式也由耕作变为其他，制作豆瓣这一技艺，只有部分年龄偏大的客家人还会使用，年轻一代已经少有人会。因为自己制作豆瓣确实较为麻烦，做一缸豆瓣历时一个多月，绝大多数客家人更偏向于食用工厂制作的郫县豆瓣，这让家用豆瓣的味道，停留在了部分客家人的记忆当中。

有些人说："这是妈妈的味道！"

也有些人说："这是阿婆的味道！"

制盐菜：生活需要囤菜

　　成都平原及周边地区的立春时节，气温开始上升，万物逐渐复苏，正是客家人制作盐菜的好时节。春日的暖阳将各类白菜、萝卜等时令蔬菜催生到吃不完的程度，而地里面的青菜，也随着温度的升高不断冲出花薹子来。以前在成华区还是农田时，皆种植粮食、蔬菜等，盐菜的原材料是他们所种植的作物之一。而盐菜不仅是他们生活中的一种食物，其制作过程也是一种习俗，它的存在可以追溯到客家人上川之前。

　　在闽粤赣地区，有一道"梅州扣肉"非常出名，四川人称之为"咸烧白"，这道菜不仅是梅州地区的代表性美食，也是现今"九大碗"中的必备之菜。当年，客家人将其带入四川，带进成华，并一直食用至今。

　　客家人的祖先自晋朝迁徙以来，尤其是南宋迁徙入闽粤赣地区以后，其多生存、居住于崇山峻岭之中，不管是汀州还是惠州，抑或其他州，都属于山区，山多地少，土多田少，所产粮食与经济作物，产量相对来说不是很高，若遇上个灾荒年，就变得更加艰难。因此，囤粮、囤菜是家家户户都必须要做的事情。

　　这里的囤菜，即制作盐菜。在客家人看来，盐菜不仅含有丰富的维生素，还可以保存很久。同时因其含有大量的盐分，也是下饭的一种良菜，实用亦美味，受广大客家人喜爱。

　　"湖广填四川"这一移民浪潮兴起以后，盐菜被客家人视作路途上的必备之菜，用于下饭最合适不过，且易于保存和携带，因此，这一道菜顺其自然地被客家人带入了四川。

　　盐菜的原材料是一种没有肥硕根茎的青菜，其叶系较为发达。这种青菜适冷，每年秋末开始撒种种植。在还未开春之前，青菜成长得较慢，其叶子可用于清炒、煲汤、煮蔬菜稀饭等，清香美味，含有较高的维生素E，是食用大鱼大肉之后解油腻的一种佳菜。开春以后，叶子开始长老，菜心也随着温度增高而冒出花薹，这样的青菜就不太适合清炒了，客家人种植它的另一个重要目的就是制作盐菜。

　　挑一个明媚的晴天，磨好镰刀，背着背篓进入地里，将青菜砍下放入背篓背回家，将多余的茎叶及泥巴清理干净，取其中有花薹秆及叶子的部分。在院子或房檐下，拉几根扎实的钢丝或绳索，将青菜一棵棵挂上去晾干。开春以后，许多客家人的院子里都可以见到这样的景象。

　　青菜的晾晒，是一个较长期的过程。天气好时几天就可以了；若遇天气不好，还要将其晾挂在通风干燥的地方，十天半个月后，待到青菜的水分晾干，方可取下来进行下一道工序。晾晒的过程中，人们会用刀将青菜对半剖开一部分，让里面的水分得以充分蒸发，一些客家人也习惯在刚刚晾晒时就将其剖开。

　　晾晒完成以后，人们将脱水的青菜取下来用清水洗净，将水脱干，然后把川盐抹于上面，放入桶中或者土陶缸里密封置放。一两天以后，再次取出，用清水将上面的盐渍洗净。据说，在清理盐渍这一道工序时，需要将青菜里面变质的色素全部洗干净，这样制作出来的盐菜色泽才会更透、味道才会更纯。

其实，进行到这一工序时，盐菜的味道就已经出来了。缠绵的香味中，夹杂着川盐的美妙，同时还有种浓浓的青菜香，让人回味无穷。

清洗结束，继续将水灵灵的盐菜挂在钢丝或者绳索上面晾干。晾晒的过程中，如果有太阳暴晒为最佳；没有太阳时，也需要置于通风干燥处，以保证盐菜的水分能够被尽快吹干。阳光下微风中的盐菜，会有一种浓浓的、特别能够勾起人们食欲的香味散发出来。

待到盐菜再次晾晒完成，还要将薄盐抹于菜上，然后进行窖制。这道工序中，抹盐是一门技术：抹得太多，最后出来的成品会过咸；抹得太少，其保存的时间则会减少，也会影响口感；但若加量得当，最后制作出来的盐菜会有微微甜味，耐人寻味。所以一户人家里的盐菜是否好吃，就要看女主人的手艺了。

▶ 将青菜晾晒在
绳子上面脱水
九吃摄

　　窨制这一工序，即是将抹好川盐的盐菜捆成一小把一小把的，然后依次放入倒罐中，放好后用谷草或其他干草封口。讲究的人家会放一层盐菜铺一层干草，最后压紧。装盐菜的倒罐为一种将罐口倒着放的土陶罐，口径较长，易于承受力量，罐身大多呈椭圆形，配套的还有一只坛盒。菜装好封口后，坛盒装满水，将倒罐口子朝下放入盒中。自此以后，坛盒里面的水就要保持永不干涸。这样做的最大好处就是隔绝外界的空气，使倒罐随时都处于一种密封状态。据说这样制作出来的盐菜，香气和口感十分浓郁。

　　封坛以后，为了使盐菜的口感更加醇厚，一般窨制两三个月才会开坛。此时也是所有工序结束之时。一罐好的盐菜，不仅色泽黄亮，而且较为干燥，充满着发酵过后的浓香。若是还有太阳的香味，那这罐盐菜则为上品了。

　　在客家人的饮食习惯中，盐菜的食用有许多种方式。除用以做咸烧白外，还可以将其切细，放入适量的菜籽油、猪油、花椒、干辣椒等佐料炒之，成为下饭的美味之菜；煮面时也可以适量加入炒好的盐菜，作为调料食用。以前经济条件普遍较差的时候，盐菜是一日三餐中必不可少的菜。一方面可以代替蔬菜食用，另一方面还可以增加食欲，在某种程度上补充人体对盐的需求。所以，在成华客家地区，盐菜是每个人的记忆中一道不可抹去的菜品。

　　2014年，我在四川西充县的客家区域做实地采访时，他们那里的客家人家家户户也都制作盐菜。到了饭点主人家煮饭时，还将盐菜切碎混合进米饭中一起蒸煮，制成盐菜饭。据当地人介绍，这种做法不仅可以增加食欲，还很美味。由此一来，盐菜不仅仅是属于成华客家的专利，而是客家人和其他更多人的饮食喜好了。

除此以外，用制作盐菜的方法，还可以制作大头菜、萝卜干等，只是在加川盐这一道工序上，大头菜还需加入干辣椒面，最后出来的是川辣味。此外，客家人制作的泡菜也是一绝。

在客家美食中，盐菜、大头菜、萝卜干、泡菜等，从入川之始，即已留下了深刻的烙印，成为客家人永远抹不去的历史与记忆。而今，成华客家地区制作盐菜的客家人已经越来越少了，年轻人中则更少。作为食客，我们还是希望能够继续吃到这一地道的美食的，所以，在此还是请年轻人多多努力吧，纵使社会发展的节奏加快，也请不要忘记这一味道口感俱佳的风味美食。

结语

　　写至此处，成华区域范围内客家人的迁徙历史、落籍情况、耕读传家、民风民俗、语言、建筑、美食等都已有了一个较为明显的体系，但这些内容并不能代表成华客家历史与文化的全部。本书中所涉及的每一个篇章，均可以再拿出来单独进行深入研究，由于所定选题、篇幅等综合因素，本书所写的内容暂告一段落，那些还未被笔者听到的故事、了解过的民俗、欣赏过的建筑、品尝过的美食等，均在这未有被明文写出的空白处，受到人们深深的渴求和祝福。

后记

　　2017年夏天的一个午后，我与萧易先生在东郊记忆喝茶时，闲聊起了成华区这一片的客家人，这个话题引起了我的极大兴趣。在此之前，我对客家人的了解主要集中在龙泉驿的洛带古镇，川东的仪陇、西充一带，对其他地方的客家人了解得相对较少。

　　密密麻麻的城市建筑，将我们包围在匆匆行进的人群之中，这些人或许是本地的，或者是外来务工的，也有可能是刚刚定居在这里不久的。现今的成华区，除了那些曾经的旧村名、老地标外，已经很难在诸多现代建筑中寻找到明显的客家标识。

　　我小的时候，住在一个较大的四合院里。我时常在想，为什么我们家神龛上写的是"天地君亲师位"，而隔壁龚爷爷家的却是"某氏堂上历代先祖考妣神位"？为什么我家的长辈们玩牌时，数的是点点红，而他们家玩的却是一种如字似画的猫公牌？直到现在，我才明白这些都是湖广人与客家人的区别之所在。还好的是，虽说自己不是客家人，也没有在成华区长大，但在自己的成长中，也是有客家人存在的。这一点，也为我写这本书提供了一个基础。

　　在《成华客家》这本书中，我着重从客家人的迁徙历史、发展历程、生活习性、风俗习惯、客家语言、山歌、建筑、美食等方面来进行描写，希望能够全面将成华地区客家人的特性梳理和表达出来。从晋朝到清朝，从闽粤赣三省到四川，时间与地域如经纬一般交织在一起，将古今进行串联；他们在迁徙过程中，所传承与不断更新的传统、民俗、建筑、饮食等，在不同的历史与地域中都具有变化，有些是微妙的，有些是直观的，有些甚至还是同迁徙所在地的文化相互碰撞后新生的，但不管怎样，都让人着迷。客家人的语言，像音乐一样极富乐感，抑扬顿挫之中朴实而真诚。虽说都是客家话，但不同的地域又呈现出不同的区别，在这些区别中，有许多都是与当地的西南官话交融之后的结果。而客家的美食，若细细数来，真是数不胜数。在文章中，客家人最为常见的九大碗、梅州扣肉、家醋、酿菜等，均还没有细细写来，作为食客的我，或许只有以后慢慢去一一回味了。到了此时，我也深刻地认识到，作为一个非客家人的湖广人，要想在茫茫人海与偌大城市中去挖掘这支中国最古老的汉民族的历史与生活内容，并非一件易事。

因为兴趣，所以了解；因为了解，所以才有了现在这本书稿。我自2017年10月开始动笔以来，前前后后整整花费了一年的时间，这中间的田野采访和大量阅读各种文史资料的工作，占据了比写作还多的时间。尤其是在阅读关于建筑与"捡金葬"的资料时，我常深陷其中，领悟到了中国传统文化的博大精深。其中王逍、廖冰艳的《广西鹿寨冲口村捡金丧葬习俗调查》论文中，还原了"捡金葬"的过程与细节，我甚为珍惜。

由于受时间与知识面、田野调查等各方面的原因所限，这本书的内容还不尽完善。不过万事只要开了个头，或许后面都可以继续改进。在此，要特别感谢谢桃坊先生、余茂智先生、李忠东先生、谢惠祥先生、杨光福先生及张彬先生等人，为我提供了非常珍贵、丰富的资料与图片，更要特别感谢萧易先生从开始到现在对我的支持与鼓励，这本拙作对我来说，应该只是个开始。

2018年12月2日晚于南湖